SZYMANOWSKI

ŒUVRES COMPLÈTES POUR PIANO

2

시마노프스키集

Variations sur un thème folklorique polonais
폴란드 민요에 의한 변주곡

Op. 10

Fantaisie
환상곡

Op. 14

Prélude et fugue
전주곡과 푸가

2ᵉ Sonate
소나타 제2번

Op. 21

Edited and Revised
by

YOSHIKI MORIYASU(운지)

SUSUMU TAMURA(해설)

Finger
by

YOSHIKI MORIYASU

Variationen über ein polnisches Volksthema

Op. 10

4

dolce pp
rit.
più f
rall.
a tempo
molto rall.
attacca
Var. I
Meno mosso
veloce legato
pp
ben marcato
cresc.
cresc.
f
rit.
Fine
(attacca II var.)

a tempo
pp
cresc.
rit.
rit.
marcato
p
cresc.
rit.
rall.
8
a tempo
ppp stacc.
legato
8
rit.
rall.
Da capo al fine e attacca II var.

Var. II
Agitato (♪ = ♪)
ff
marcato
simile
38

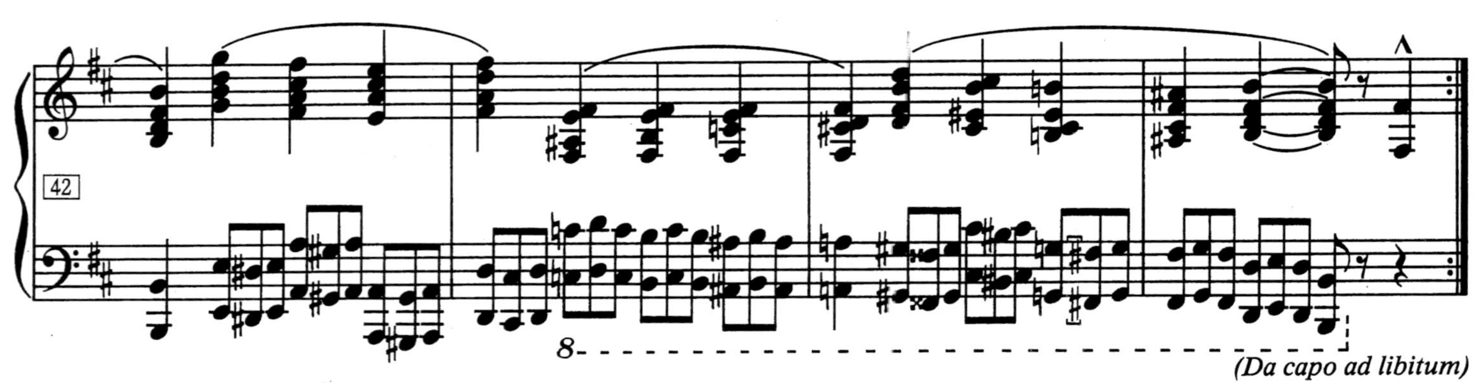
42
8
(Da capo ad libitum)

46
mf
ff
8
8
rit. fff

50
rall.
8
attacca

Var. III
Lento, mesto ma poco agitato

Var. IV
Allegro molto agitato
simile
mf
f
a tempo
rit.
cresc.
ff rit.
coll 8va
coll 8va
[m.s.]
p
f rit.
pp più agitato
cresc.
coll 8va
coll 8va
coll 8va
coll 8va
f
crescendo
rit.
coll 8va

a tempo
[simile]
fff
sempre ff
precipitando
sempre ff
poco a poco rallent.
rall.
rall.
tr
attacca
Var. V
Andantino
p legato
rit.
[sim.]
rit.
rit.
rit.
rall.
avviv.
Fine

112
ff
p
117
dolce
rall.
a tempo
pp
122
m.s.
rit.
a tempo
rall.
Da capo al fine e attacca
Var. VI
Andante dolcissimo
127
pp legato
rit.
rit.
ten.
131
rall.

135
più f
ten.
(Ped.)
ten.
cresc.
rit.
ten.
ten.
139
ff
rit.
p
rall.
ppp
143
avviv.
mf
rit.
mf rit.
p affettuoso
148
ppp rall.
a tempo
rit.
rit.
153
dolcissimo rall.
rall. molto dim.
ten.
ppp
attacca

Var. VII
Più mosso

182
rit. e dim.
ppp dolce
[poco cresc.]
188
rit.
rit.
rall. e dim.
molto rall.
ppp
Var. VIII
Marcia funebre
194
pp lugubre
più f
quasi campana
198
cresc.
cresc.
202
ff
cresc.

ff sempre
206
poco a poco rallen - tando e
210
diminuendo
rall.
ppp
214
pppp legato
[m.s.]
attacca
Var. IX
Più mosso (Allegro)
legatissimo
7
ppp
trillo
cresc.
pp
217
[Tema marcato]
[sotto]
[m.d.]
220
ppp

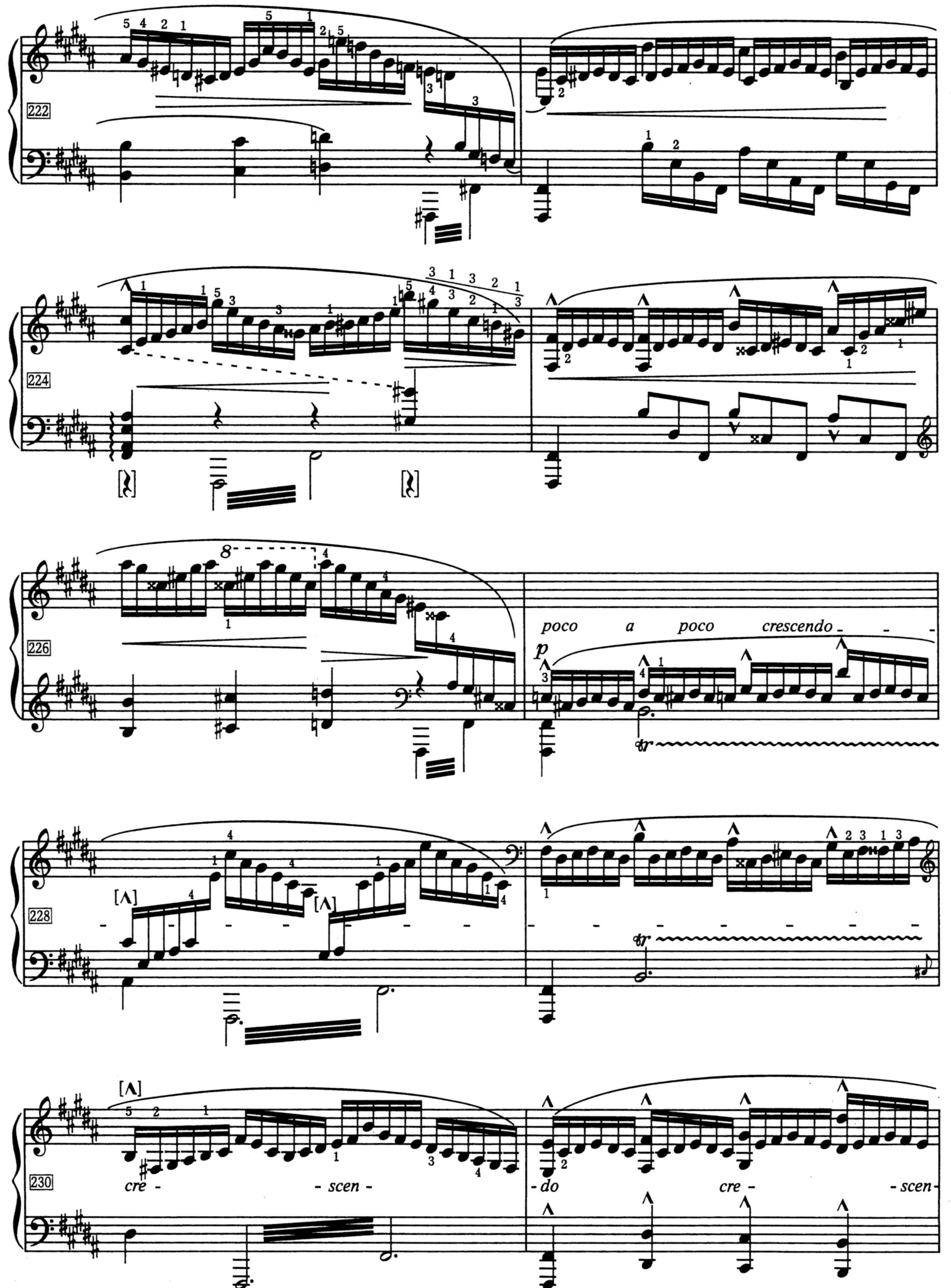

poco a poco crescendo
p
cre - - scen - - do cre - - scen -

232
-do
cre -
ac - ce - le - ran - do
234
-scen - -do
ff
236
8
239
ff
ac - - cele -
- rando
242
ff
precipit.
rall.
sf
attacca il finale

Var. X. Finale
Allegro vivo
trionfando
sempre ff
mf
246
249
ff
marcato
8
252
passion.
marcato
sf
255
sf
marcato
sf
259
[sf]
dim.
rit.

[a tempo] dolce cantab.
262
sf p
265
[m.d.]
sf
268
p stacc.
cre - -
[8]
271
- scen - - -do
f
sf rit.
trillo
ff
274
sub. pp
m.s. m.d.
m.s.
m.d.
pp dolce cantabile
(Ped.)
8

280
ppp
p
5232
284
tr
288
poco
cresc.
tr
292
8
295
di - - mi - - nu - - en - - do
8

veloce
ppp
marc. cantab.
poco rit.
a tempo
(poco meno pp)
poco rit.
di - -mi- -nu- -en- -do pppp
Mit Humor
poco buffo
più mosso
m.d.
m.s.
cresc.

325
p
mf
330
cresc.
335
f
marc.
cresc. e rallent.
ff
molto rallent.
(poco meno mosso)
marcato
340
f
cresc.
sf
m.d.
a tempo
344
ff
ritenuto
mp
m.d.
sf
sf (quasi tromb.)
(Ped.)

346
ff
[sf]
ritenuto
sf
a tempo
mf
po - co   a   po - co
349
cre - scen - do
precipitando
fff
353
fff
357
mf   cresc.   rit.   ff
360

363
8
5 4
3 1 2 1
3
366
marc.
passion.
rit.
a tempo
sf mf
ff
1
8
370
rit.
a tempo
sf mf
8
[sf]
rall.
8
374
a tempo tr
[sf] mp dolce
[Λ]
132 132 132
tr tr tr
mf
4 1
5
377
132 132 132 12 132 12
tr tr tr tr tr tr
[m.d.]
4

380
[mp]
stacc.
poco a sf poco cresc.
8
trillo
383
cresc.
sf ff sf [rit.] fff
386
sub. pp
m.d.
tr tr
m.s.
pp dolcissimo
m.s.
391
[m.d.]
tr
395
pp
8

399
402
mf
405
dimin.
408
ppp
ppp dolce
(Ped.)
412
(meno piano)

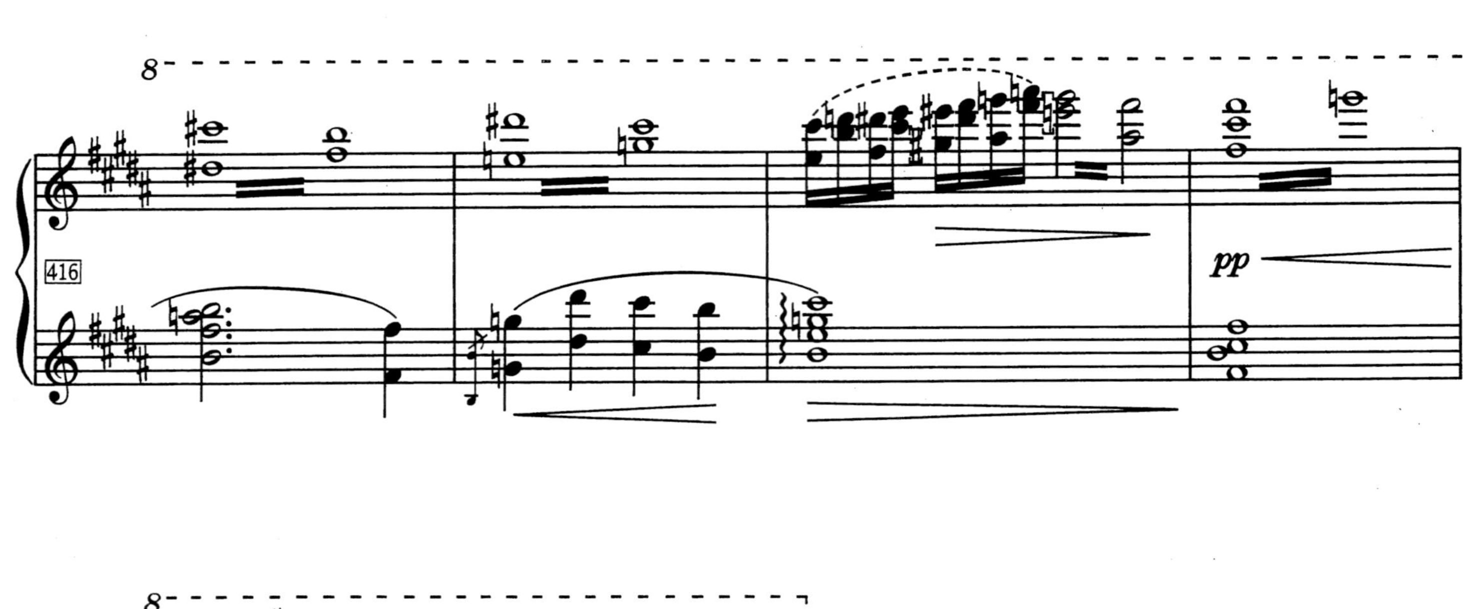
416
pp

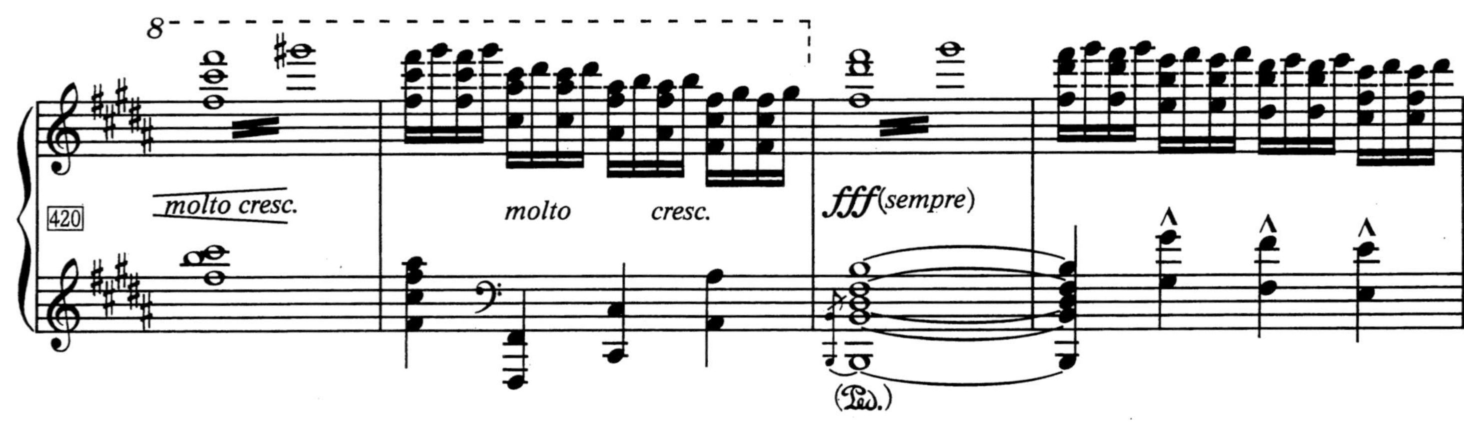
420
molto cresc.
molto cresc.
fff (sempre)
(Ped.)

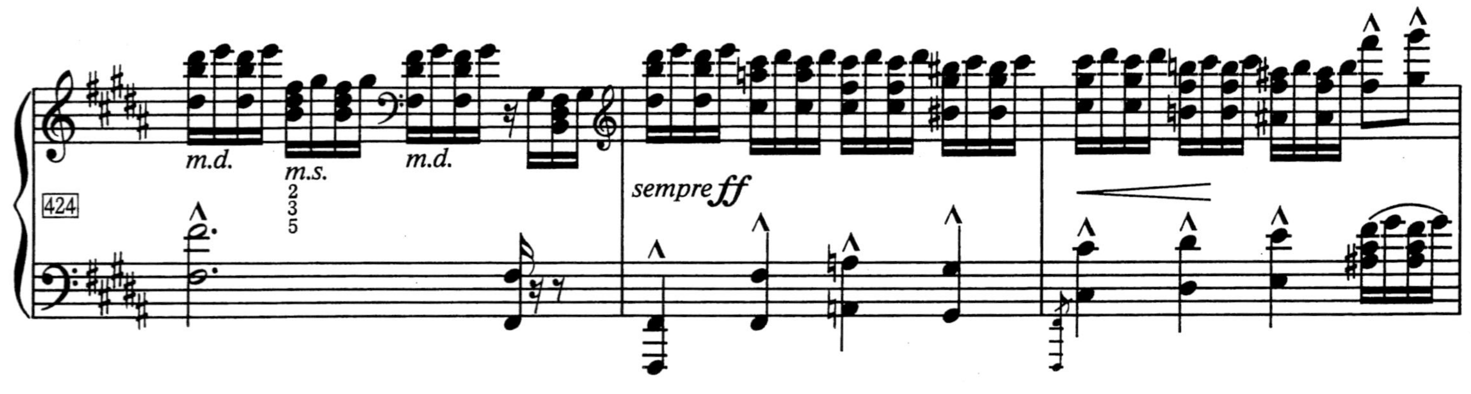
424
m.d.
m.s.
2
3
5
m.d.
sempre ff

427

(poco meno mosso)
Maestoso
430
fff
ben marcato
433
rallent.
ff
a tempo
sempre f
accel.
435
438
accel. [e cresc.]
strepitoso
rit.
fff
sfff

Fantaisie

Op. 14

*この作品では，イタリック体数字で示した運指のうち，21 と 207 のみが
作曲者自身のもの。そのほかはすべてゲンリフ・ネイガウスによる書き込みである。

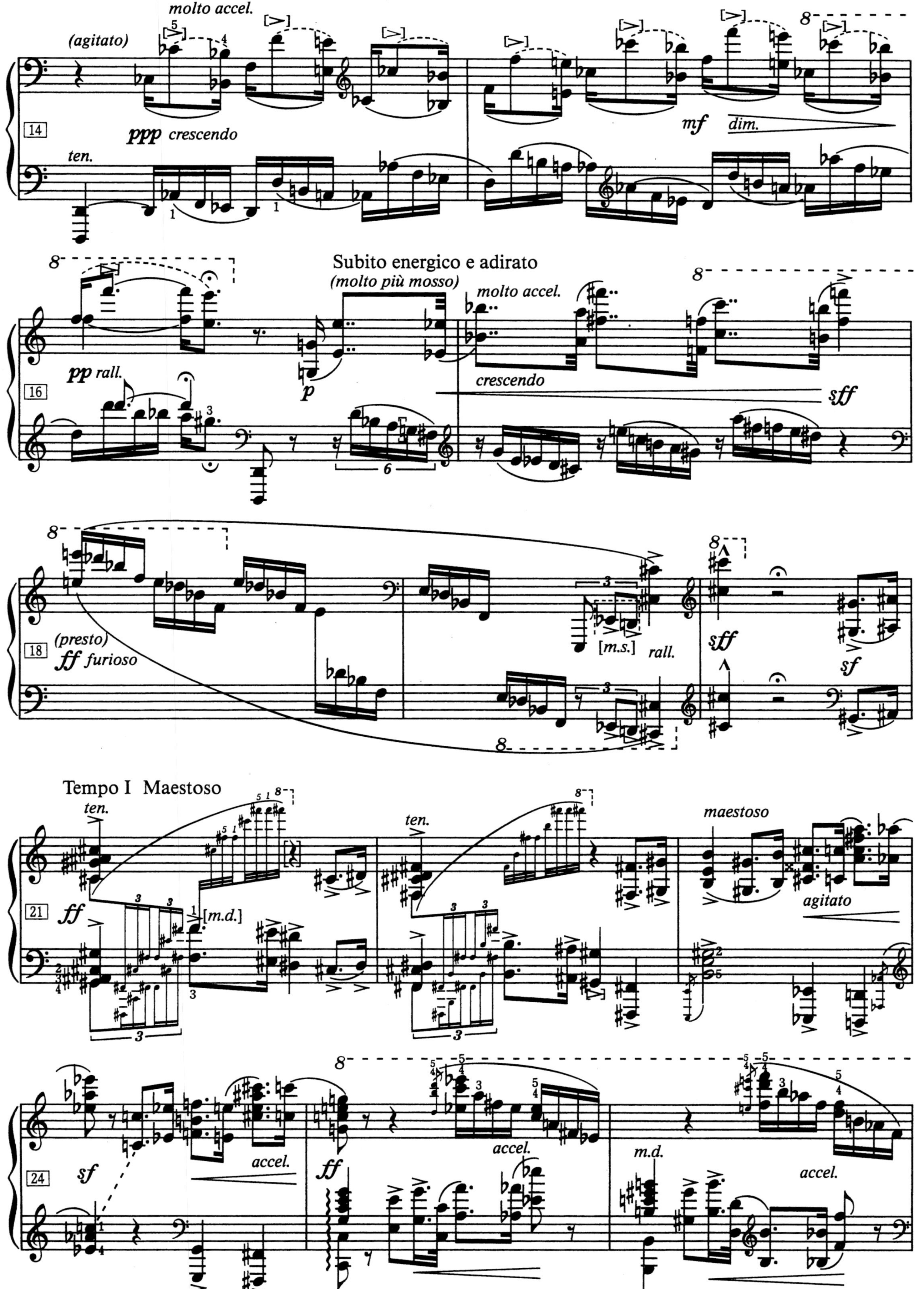

molto accel.
(agitato)
ppp crescendo
mf dim.
ten.
Subito energico e adirato
(molto più mosso)
molto accel.
pp rall.
crescendo
sff
p
(presto)
ff furioso
[m.s.] rall.
sff
sf
Tempo I Maestoso
ten.
ten.
maestoso
ff
[m.d.]
agitato
sf
accel.
ff
accel.
m.d.
accel.

8
più mosso (Allegro energico)
sff
accelerando
6
5
2
sffsub.p
cresc.
cre - scen - do molto
ff
30
sf
sf
sf
rit.
8
32
mp
cre - scen - do molto
ff
[sf]
con passione
8
35
ff
mf
8
8
37
ff
mf
ff
5/4

accel.
sub. p
cresc.
accel.
cresc.
(furioso)
sfff
ff
(ten.)
(maestoso, quasi tromboni)
(ancora poco più mosso)
sf
(ten.)
string.
sf
[sf]
sf
p
cresc.

Trionfando
[cresc. e string.]
51
ff
sf
3
8
54
ff
[sf]
8
56
sfff
mf
cresc. molto
8
58
(secco)
ff
sff
sff
6/4
(a piacere)
(non legato)
al - - lar - - gan - - do
61
sff (pesante)
sempre f
avvivando
sff
sff
p
6/4
8
attacca

Non troppo allegro, ma molto passionato e affettuoso

8
rit.
dim.
78
con passione, amoroso
8 (più mosso subito)
ten.
poco rit.
ff (subito)
rit.
[ff]
poco rit.
80
avvivando (poco agitato)
8
rit.
p cre- - scen - - do
rit.
83
8 (veloce)
p dolce (affettuoso)
(ten.)
(ten.)
3
p
(ten.)
(ten.)
3
86
marcato la melodia
8
cresc.
(ten.)
(ten.)
3
f
poco rit.
88

p
(ten.)
(ten.)
(ten.)
(ten.)
(♪=♩♪)
(ten.)
(ten.)
cresc.
f
(grazioso, poco scherzando)
mp
poco rit.
cresc. f dim.
(trillo)
mp
(trillo)
poco   a   poco   più   appassionato   a tempo
cresc. f
cresc.
f
poco rit.
cresc.
f
crescendo   e   accel.
accel.
f
riten.
f ben accentuato
cresc.
sff
cresc.

Molto appassionato
[poco] rit.
rit.
poco rit.
ff
ff
accel. - - - -
rit.
mp
[cresc.]
rall.
sf
poco meno-mosso
furioso
ff
maestoso
ten.
ten.
rall.
Maestoso e sonore
poco meno mosso
Grave, patetico
ff
cre - - scen - - do
riten. fff sff
sff
sff
molto marcato
rall. e dim.
(pesante) dim.
f
m.d.
dim.
p
rall.
ppp

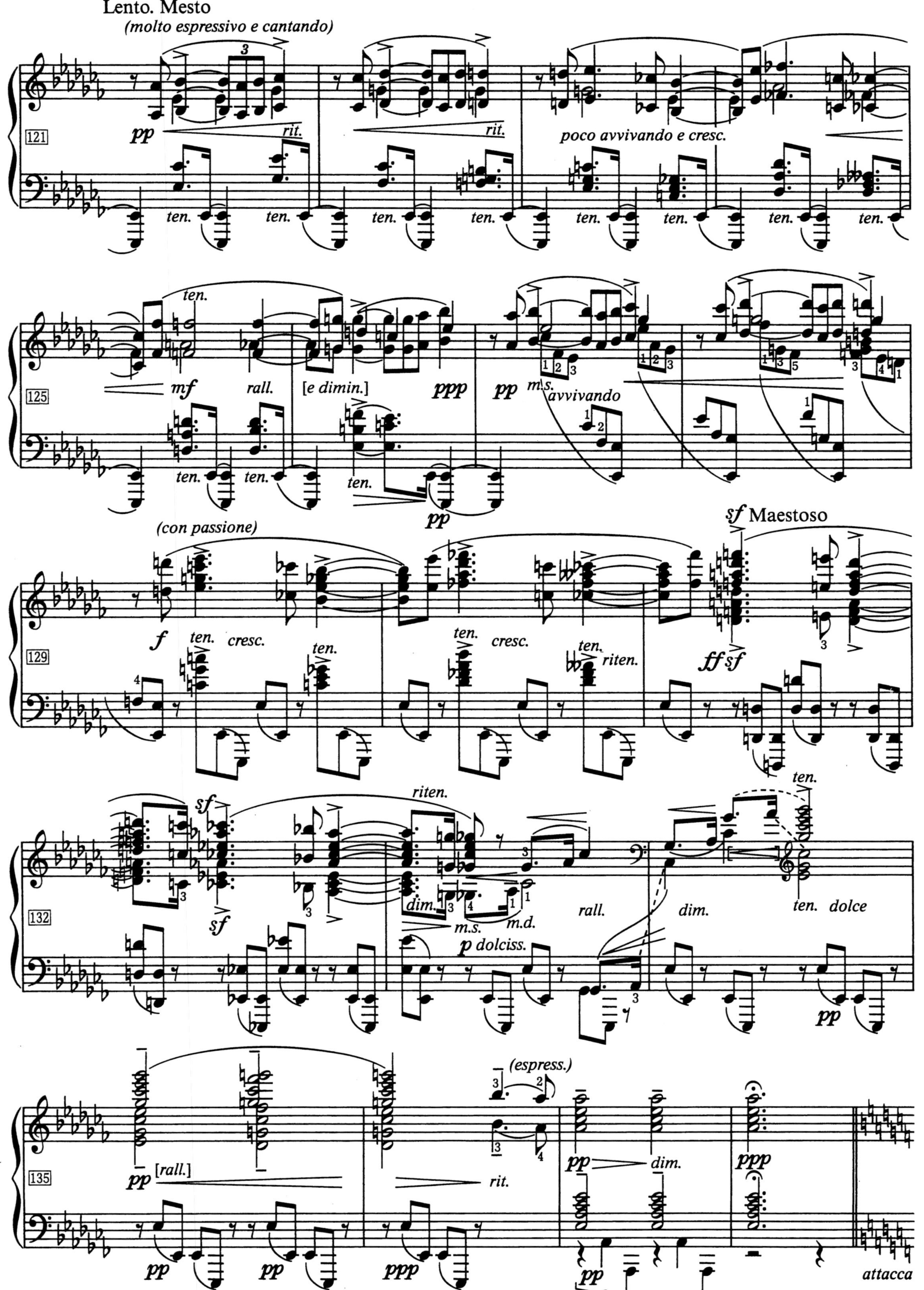

Lento. Mesto
(molto espressivo e cantando)
121
pp
rit.
rit.
poco avvivando e cresc.
ten.
ten.
ten.
ten.
ten.
ten.
ten.
ten.
ten.
125
mf
rall.
[e dimin.]
ppp
pp
m.s.
avvivando
ten.
ten.
ten.
pp
(con passione)
sf Maestoso
f
ten.
cresc.
ten.
ten.
cresc.
ten.
riten.
129
ff sf
sf
riten.
ten.
132
sf
dim.
m.s.
m.d.
rall.
dim.
ten. dolce
p dolciss.
pp
(espress.)
pp
[rall.]
rit.
pp
dim.
ppp
135
pp
pp
ppp
pp
attacca

Allegro, molto deciso, energico
Quasi cadenza
Andante, rubato, delicatamente. Molto espressivo
attacca

Allegro. Molto deciso ed energico
154
pp
molto
cresc.
f
157
sff
160
poco rit.
ff
Tempestoso (poco più mosso)
163
sempre ff
[m.d.]
[m.d.]
ff
tr
(poco più mosso)
166
mf
cresc. molto
ff
mf
cresc. molto
ff
tr
tr

169
ff
ff
171
tr
cresc.
ff
173
tr
poco
diminuendo
e
f
ri - - te - -nu - - to
[poco meno mosso]
175
trillo
p
pp
sf
pp
pp
di - - mi - -nu - -en - - do
(scherzando)
177
pp
pp
sf
sf

180 pp
cre - - - -
183 scen - - - - do
(non rallent.!) Scherzando e capriccioso (quasi ironico)
186 ff
ff sf
sf sff
3
sff
190
sff
ridente
molto espress. e appass.
(pochettino meno mosso)
mf
sf
193 fff
sf
sf

cre - scen - do
poco rit.
rit.
(appassion.)
rit.
(sempre più appassion. e affettuoso)
Molto vivace
riten.
[cre - scen - do]
(pesante)
trionfando
(con passione)
rit.

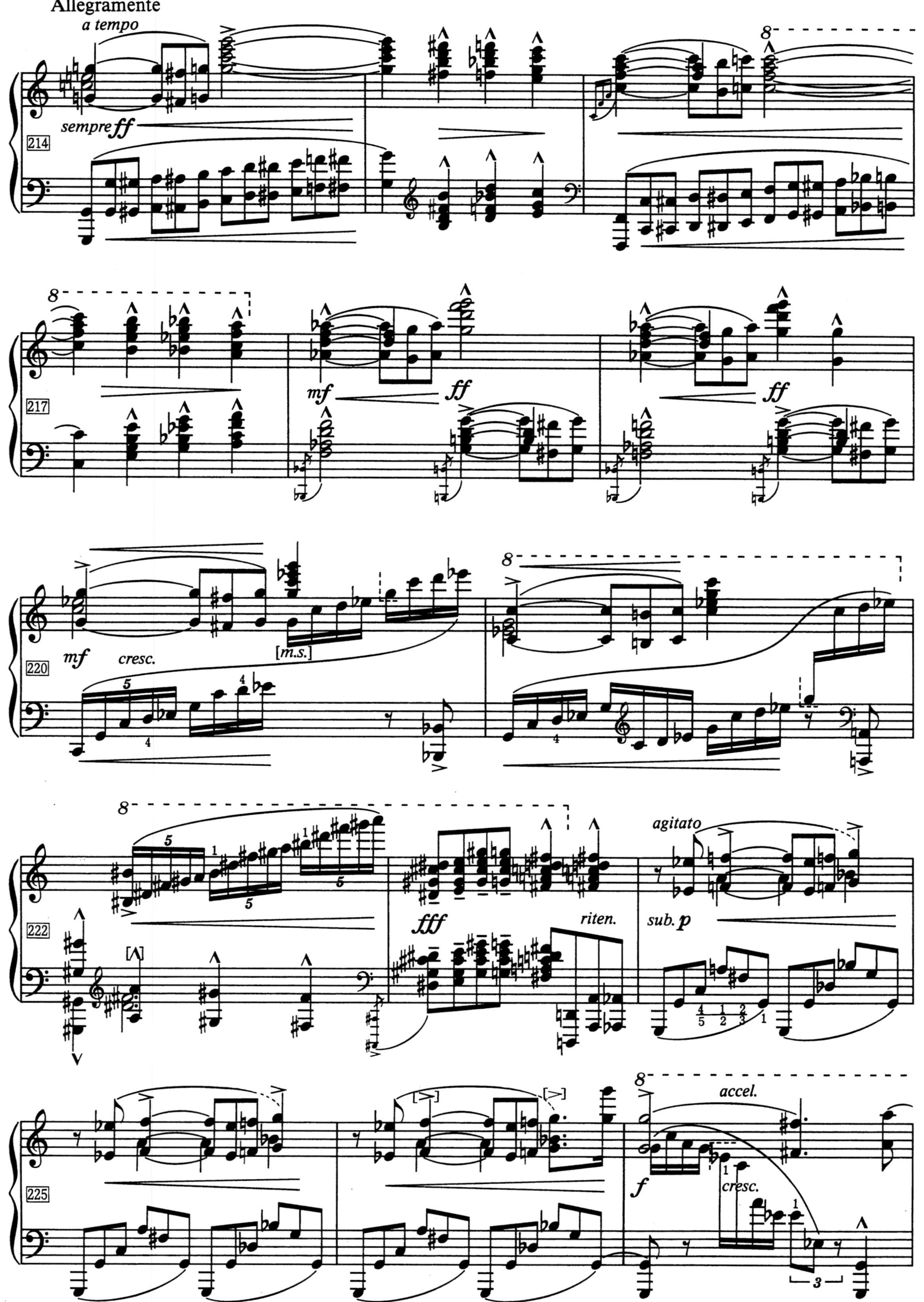

Allegramente
a tempo
sempre ff
214
8
217
mf
ff
ff
mf
cresc.
[m.s.]
8
8
220
5
4
4
8
5
1
5
agitato
222
fff
riten.
sub. p
[Λ]
8
accel.
225
f
cresc.
3

228
[cresc. e accel.]
[∧]
Furioso
(non rallentare!)
sub. Adagio. Mesto
230
ff
(strepitoso)
sfff
sff
ff
(ten.)
(meno f)
quasi campana
3
230
233
(ten.)
3
mp
(ten.)
[m.d.]
dim.
rall.
(ten.)
p
ppp
(ten.)
3
8
subito Allegramente
8
236
fff
fff
riten.
riten.
3
2
3
2
sff
(Ped.)
8
Molto vivace
239
sf
gliss.
2
ff
sfff
sfff
2
5
2
sff
gliss.

Präludium und Fuge

Tempo I
dolce
dim.
rallent.
pp
rit.
poco più
ten.
avviv.
cresc.
sub. pp
accel.
e molto cresc.
f
molto cresc.
riten.
ff cresc.
sffff
rall. fff
cresc.
ten.
ten.

Tempo I
ff
f
dimin
[∧]
poco riten.
riten.
p
mp
rallent.
poco meno
p
riten.
pp
pp
ten.
ten.
ten.
mp
rit.
rall. e dim.
ppp
ppp
attacca

Fuga a 4 voci
Andante

a tempo
p
marcato
cresc.
rit.
rall.
a tempo
avvivando
pp
m.d.
m.s.
m.d.
m.s.
m.d.
m.s.
riten.
cresc. molto
avvivando
ff
marcato
dimin.
rallent.
pp
poco cresc.
avvivando
rallent.
dimin.
ppp

a tempo
pp dolce
dolente
mf
riten.
rallent.
a tempo
p
cresc.
riten.
avvivando
m.d. pp cresc.
m.d.
cresc. molto
riten.
[m.s.] [m.d.]
ten.
[ten.]
ff
cresc.
fff
rallent.
dimin.
Adagio
f
ppp
[m.d.]
[m.s.]
[m.d.] mf
rall. e dim.
[m.s.]
ppp

2e Sonate

Op. 21

Allegro assai. (Molto appassionato)

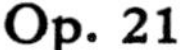

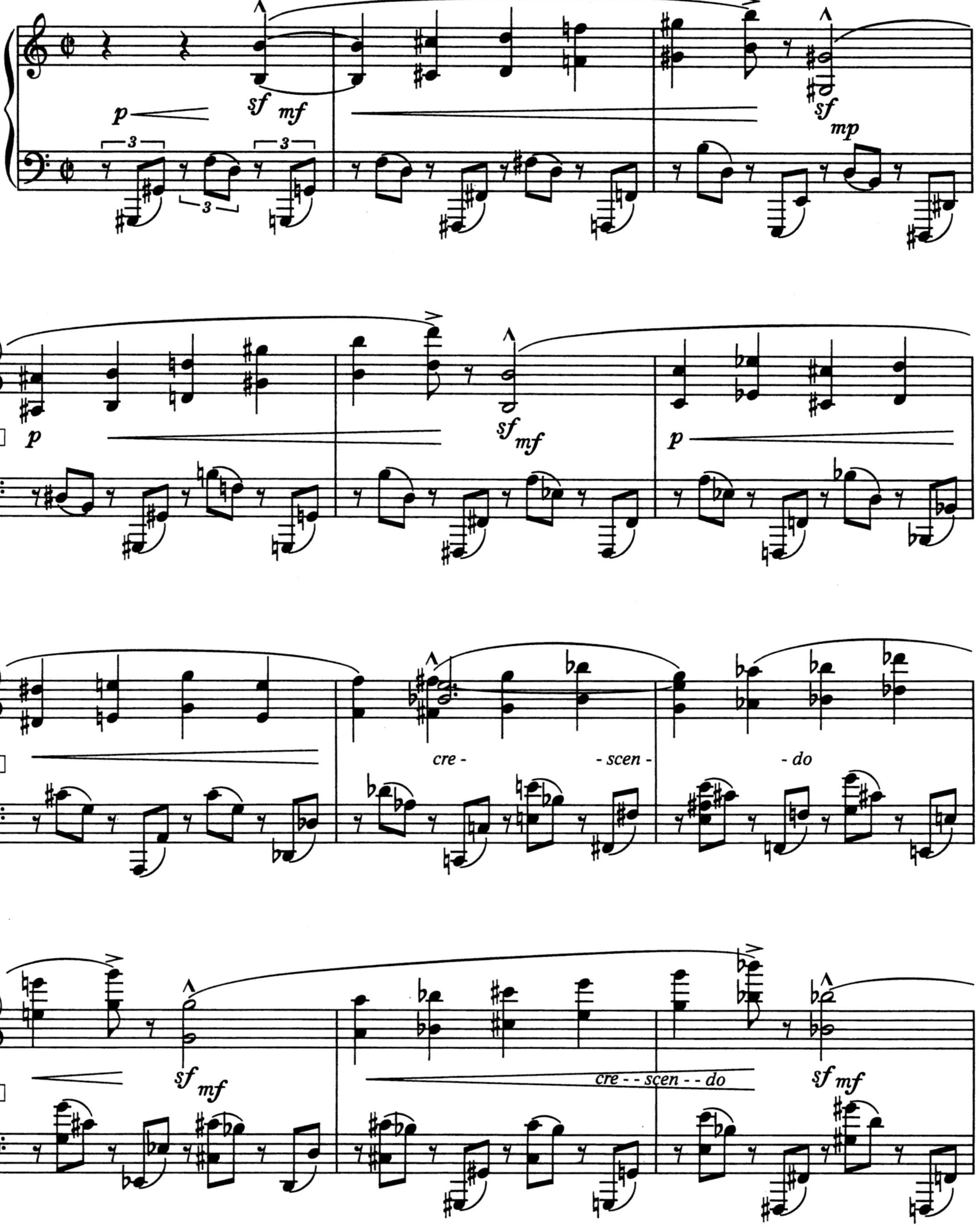

52
po - co ac - - ce - - le - - ran - - do
cre - - scen - - do cre - - scen - - do
sempre cre - - scen - - do
poco riten.
a tempo, molto deciso
ff ff mf
poco rit.
cresc.
poco più tranquillo
ben marcato
ten. ten.
p m.d. m.s. m.d.
avvivando
con passione
sf mf
ten.
cre - scen - do mol - to
ff

mf molto cre - scen - do
ff
mf molto cre - scen - do
passionato, ma senza accel. il tempo
ff (sempre)
poco riten.
ten.
sf
dim. molto
p
po - co ac - ce - le - ran - do
cre - scen - do
cre - scen - do
crescendo
poco rall., espress., con forza
con fuoco
ff rit.
ten.
poco rit.
ff
sfff
sff
ten.
27
30
33
36
39

54
a tempo, molto deciso e accel.
(senza rall.)
ff
f
senza ped.
sf
(Ped.)
(calando)
f
diminuendo
p dolce
tr
il basso dolce marcato
ral - - len - - tan - -do
p
dim.
rall.
pp
(p)
Quasi andante
molto espress.
poco rit
p
(legatissimo)
molto espress., soave
riten.
mf
pp
espress.
[m.d.]
(non arpeggiando)

55
dolcissimo
61
mp
riten.
mp
pp
poco rit.
avvivando
66
p
mp
sf
sf
p
sf
(senza riten.)
poco riten.
70
sf
[mp]
a tempo (avviv.)
74
pp (non legato)
cre - scen - do
f
riten.
poco agitato
77
mf espress.
m.s.
cre - - scen - - do
sf

sem - pre più agi - ta - to
8
cre - -scen - -do cre - - scen - - do cre - - scen -
81
2 1 4
5 3 2
8
- do
ff (sempre)
marcato, con passione
(non accel. il tempo!)
85
molto passionato
(non accel.!)
poco rit.
ff
pesante
ff
crescendo
89
con gran espress.
ral - len - tan - do
riten.
ff
cre - - scen - - do
93

a tempo, con fuoco
fff
precipitando
sf
ff
di - - - mi - - nu - - en -
(calando)
ten.
rit.
f
riten.
Quasi doppio movimento
poco sostenuto
- do
dolce marcato
dim. e rallent.
(misterioso)
ten.
pp
pp
ten.
poco avviv.
sf
pp
sf
p
(poco rit.)
[sopra]

molto espress. e dolce
[sopra]
[m.s.]
legatissimo
cresc. poco
Risvegliando
(non legato)
poco a poco cre - scen - do e ac - ce - le - ran - do fino al
molto dim.
ten.
marc.
Tempo I
cre - scen - do
cre - scen - do
espress.
dim.
dimin.
ten.
ten.
riten.
espress.
(senza riten.)

poco avviv.(non legato)
cre - scen - - do
f
diminuendo
pp
123
espress.
mp
a tempo
molto espress.
dolce marc. il tema
riten.
pp
poco rit.
pp
126
cre - - scen - - do
f
129
con passione
sem - pre cre - - scen - - do
ff
dimin. molto
132
espress.
(senza riten.)
p
p cre - - scen - - do
mf
sf
sf
sf
sf
135

espress.
a tempo
molto espress.
138
p
poco rit.
pp
crescendo
141
cre - - scen - - do
f
[crescendo]
8
sempre più agitato
Deciso
con passione
ten.
(senza riten.)
144
cre - - scen - - do
ff
sf
f
cresc.
Furioso
marcatissimo
cresc. sff
secco
148
precipitando
f (sempre)
sff
sf
sf
sf
sf
sff
8
151
precipitando sff
sff
ff (sempre)
sff
[sf]
[sf]
[sf]
sff sff

molto appassionato
ff sff
mp molto cresc.
ff
passionato, ma senza accel. il tempo
mf molto cre - scen - - do
ff sempre
marcatissimo
sff
poco riten.
ten.
sf
dim. molto
p
po - - co ac - - ce - - le -
cre - - scen - - do
- ran - - do
poco rall., espressivo, con forza
crescendo
ff
riten.

con fuoco
poco riten.
ten.
ff
sfff
sff
168
a tempo
molto deciso e accel.
(senza rallent.)
ff
f
170
senza
ped.
sf
(calando)
f
diminuendo
p dolce
173
il basso dolce marc.
ral - - len - - tan - - do
p
rallent. e dimin.
176
(p)
Quasi andante
molto espress.
p
pp
dolce
p
poco rit.
180
dolciss.

poco avvivando
espress.
molto espress. soave
184
p
cre - scen - do
poco rit.
pp
ppp dolciss.
(non arpegg.)
187
mp
riten.
avvivando
191
mp
ppp dolciss.
poco rit.
p
[sf]
195
mp
[sf]
sf
[p]
198
sf
mp
poco riten.

a tempo (avviv.)
pp (non legato)
cre - - scen - - do
f
riten.
201
poco agitato
mf [∧] espress.
[sf]
204
sem - pre più a - gi - ta -
cre - - scen - - do
cre - - scen -
207
- to
- do
cre - - scen - - do
210
(non accel.)
ff (sempre)
marc. con passione
poco rit.
213

a tempo
a tempo
riten.
ff
ff
cre - - scen - - do
Grandioso
con gran espressione
a tempo, con fuoco
ff
rall.
cre - - scen - - do
fff
precipitando
sf
ff
sempre molto passionato
mp
po - co a po - co
cre - ^ - scen - - do
cre - ^ - scen - - do
m.d.
m.s.
m.d.

Doppio movimento (Tempo I)
230
m.d.
mf
mol - to   cre -   - scen -
232
- do
ff
234
poco rit.
236
fff   precipitando
poco rit.
(lun -   - go)
Maestoso
poco meno mosso
239

TEMA
Allegretto tranquillo. (Grazioso)

Poco più vivace
mp (leggiero)
rit.
mp
ri - - tar -
- dan - - do
diminuendo
a tempo
p legato
pp dolce, rit.
a tempo
[a tempo]
p legato
[pp] dolce, rit.
mf
dolce grazioso
p
mf
di - mi - nu - en - do riten.

Poco meno. (Andantino tranquillo)
(dolce cantando)
dolce espressivo
p (legatissimo)
m.s.
mp
rit.
p
cre - scen - do
poco rit.
(dolcissimo)
mf
dimin.
riten.
p
poco riten.
(dolce marcato il tema)
espress.
p
espress.
poco riten.
p
po - co
al -
espress.
- lar -
- gan -
- do
rallent.
cre - scen - do
f
molto dimin.

L'istesso tempo (♪. = ♪)
dolcissimo e molto espressivo, poco misterioso
pp (legatissimo)
poco riten.
[a tempo]
pp
poco cresc.
(espressivo)
pp
ten.
ri - tar - dan - do
ten.
a tempo
p
a tempo
pp
riten.
p
dolcissimo
pp
p
pp
ri - tar - -dan- -do
a tempo
p
pp
ritard.

Allegretto (scherzando e capriccioso)

sf
sub. p
poco cresc.
molto deciso
mf
cre - -scen - -do
f
mf
cre - -scen - -do
f
mp
mf
riten.
(a tempo)
p
cre - -scen - -do
poco accel.
(ancora avvivando)
[sf]
(non riten.!)
mf
cre - scen - do mol - to
ff
sff
[sf]
ff
attacca

Tempo di sarabanda
grave con forza, molto espressivo
ten.
93
f (ma dolce e sonore)
cre- -scen- -do
(poco arpeggiando)
97
più f
crescendo
mf
poco rit.
ten.
dim. molto
dolcissimo (cantab.)
tr
2
101
pp
p
tr
espress.
(dolciss.)
tr
4
105
p
pp
(dolce marc.)
pp
espress.
tr
6
110
pp
rit.
pp
ten.
(dolce marc.)

mp
114
mf
cre - scen - do
riten.
ff (dolce)
118
dim.
mf
cre -
molto espress.
espress.
ten.
- scen - do
ff
riten.
mf
di - mi - nu - en - do
molto riten.
122
p
tr
a piacere (quasi cadenza)
pp
ritard.
ten.
pp [m.d.]
p ten.
126
(non troppo accel.)
avvivando
cre - scen - do
f
accel.
ten.
[m.d.]
veloce
molto cre - scen - do
attacca

Tempo di minuetto (con moto) Pomposo
(passionato)
ff
diminuendo
espress.
crescendo
(passionato)
f
f
cresc.
ff
espress.
diminuendo
f
crescendo
poco meno mosso
(dolce espress.)
f
riten.
p
p
riten.

leggiero, scherzando subito
(poco rit.)
(a tempo)
mf
riten.
espress.
(avvivando)
(a tempo)
p
cresc. poco rit.
f
di - mi - nu - en - do
(espress.)
(avvivando)
riten.
p
cre - scen - do
f
(molto espress.)
affettuoso
ten.
grazioso
(poco rit.)
mf
f
dimin.
ritard.
(a tempo)
leggiero
espress.
ten.
risoluto
p (scherzando)
mp
riten.
pp (dolcissimo) riten.
sff

a tempo
Tempo I
162
f
cre - scen - do
ff
passionato
espress.
165
diminuendo
f
cresc.
168
f
rit.
(molto espress.)
(poco sostenuto)
ral - len - tan - do
171
mp
molto cresc.
cre - - scen - - do
(affettuoso)
dolcissimo
174
ff
pp
dimin.
molto
riten.

a tempo subito
leggierissimo
espress.
ten.
p (scherzando)
mp
riten.
179
pp (dolcissimo)
riten.
risoluto
a tempo
sff
f
cre - scen - do
attacca
Molto energico. (Poco più mosso)
181
f (risoluto)
cre - scen - do
sff
mp
cre - scen - do
183
cre - scen - do poco riten.
sf sf sf
capriccioso
a tempo
riten.
ten.
sf sf
sff
sf
ff (sempre)
185
sf
ten.
sf
sff
sf
sf dim.
pp
ten.
ten.

(precipitando)
mol - to cre - scen - do
pp
attacca
Allegro molto impetuoso, con gran forza
martellato
ff (sempre)
ff
tr
sf
sf
2121
(il ritmo ben tenuto)
con passione
(precipitando)
sff
fff
ff
poco riten.
(a tempo)
molto cresc.

(a tempo)
deciso
197
sf   sub. mf
ritenuto
sub. sff
ff
199
sf
f
sf
mf
(poco più tranquillo)
201
di - mi - nu - en - do
di - mi - nu - en - do
(cantando)
203
riten.
mp
ten.
(poco rit.)
(poco agitato)
205
p
p
ten.
mp
(poco rit.)

a tempo (deciso)
(poco precipitando)
208
mol - to cre - - scen - - do
molto
sf
f
sf
210
po - co a po - sf - co cre - scen - - do
sf
f
sf
ac - ce - - le - - ran - - do
ten.
212
cre - - scen - - do cre - - scen - - do
sf
sf
sff
fff
sff
Appassionato e impetuoso
(il tema molto marcato)
214
sff
ff
sf
5 3 2 1 5 4 2
4 3 2
216
cre - - scen - - do cre - - scen - - do
sf
sff

82
grandioso e imponente
(non accel.)
con fuoco, impetuoso
fff (sempre)
218
sff fff (sempre)
sff
sff   sff   sff   sff
221
sff
1   4   3   2   1   4   3   2   1   2   1   2   3   1   2   3
ac - ce - le -
223
cresc.
sff
p (sub.) molto cre - scen - do
- ran -   - do
(tumultuoso)
225
cre - scen - do molto
crescendo
Furioso
(a tempo)
sf sf sf
poco riten.
227
sf sf sf sf
sfff sfff sff   sfff   ff (sempre)
riten.
sff
sff

diminuendo e rallentando
sff
sfff
sff
ff
f
mf
p
attacca
Largo. Molto espressivo
p
pp (legatissimo sempre)
più pp
più pp
(poco cresc.)
ri - tar - dan - do
espress.
dolcissimo (legatissimo)
con gran espressione
pp
riten.
p
poco cre - scen - do

[a tempo]
poco riten.
mp cre - scen - do
cre - scen - do
cre - scen - do
f ma dolce
dimin.
ritard.
ten.
ten.
p ritard. e diminuendo
(a tempo)
(dolce espress.)
(dolcissimo)
p
p
pp
ppp
riten.
riten.
dimin.
ten.
(espress.)
pp
pp
pp
di - mi - nu - en - do
ri - tar - dan - do
attacca

Moderato (sempre accelerando e crescendo)
[simile]
256
pp (legato)   cre -   - scen -   - do
[simile]
po - co   a   po - co   cre - scen - do   ed   ac - cel.
258
mf
accelerando fino all' Allegro moderato; molto passionato
260
cre -   - scen -   f   - do
ff   cresc.   fff
262
ff
mf

sem - pre cre - scen - - do
f
ff
crescendo molto
impetuoso passionato
ff
ff
sf
ff
il tema marcatissimo
mf
cre - - scen - - do
ff
8 pre - - ci - pi - tan - - do
cre - scen - do
sfff
attacca la fuga
FUGA
Allegro moderato. Poco scherzando e capriccioso
f risoluto e marc.

285
f dim.   sub. mp
cre - - scen - - do
287
cre - - scen - do   f   marc.
[sotto]
289
di - - min.
m.d.
m.s.
mp   m.s.   cre - scen - do   m.s.   m.d.
291
[m.s.]
mp   cresc.   marc.
marc.
con passione
cre - - scen - do   mol - to
f (sempre)
293
(pesante)

Poco meno mosso
dolce
p
305
(legatissimo)
m.d.
m.s.
(legato)
poco crescendo
riten.
mp
307
(dolce marc.)
avvivando
(poco marc.)
poco rit.
mf
309
(non legato)
(poco marc.)
poco cresc.
poco più f
poco cresc.
311
avvivando
cre - - scen - - do
sub. f
p (sub.)
313
marc.

91
agitato
315
f
Deciso.
tumultuoso
317
f
f
sf
(marc.)
sf
(molto energico)
319
sf
cre - scen - do mol - to
marc.
con passione
321
mp
cresc.
cresc. molto
ff
(il tema marc. e sonore)
(passionato)
sf
323
f cre - -scen - -do
mf
mp

cre - - scen - - do   molto
(il tema ff con passione)
sf
sf ten.
[m.s.]
[m.d.]
f
ff
sf
ff
ff (sempre)
(marc.)
marc.
passionato
sff
ff
[m.s.]
ff passionato
sf
ff
(poco rit.)
(a tempo)
sf
sf sub. pp
[m.d.]
sf sf
po - - co   a   po - - co   cre - - scen - - do
marc.
marc.

po - - co a po - - co cre - - scen - - do
mf
marc.
marc.
8 cre - scen - do cre - scen - do
f
cre - scen - do
più f
Poco meno allegro, grandioso e imponente
8
ff marcatissimo con passione
sff
ff (sempre)
(trillo)
cresc.
mf
ff (molto passionato)
poco riten.
dimin.
marcato
il tema!

marcatissimo
(con passione)
f
cresc.
poco rit.
ff
sf
sf
poco rit.
345
f
sf
f
rit.
cresc.
ff
riten.
Ancora meno allegro. Maestoso
fff (sempre)
349
(non diminuendo!)
351
riten.
precipitando
353
fff
sfff

시마노프스키의 예술

카를 시마노프스키(Karol Szymanowski 1882~1937)는 쇼팽 이후 처음으로 폴란드 음악을 유럽 수준까지 끌어올린 20세기 전반의 위대한 작곡가였다. 그가 생활하고 활동했던 시대는 1795년 이후 폴란드를 분할했던 러시아, 프로이센, 오스트리아에 의한 삼국 지배의 말기로서, 1918년 이후의 폴란드 독립 초기에 해당한다. 이러한 상황 아래서 그는 폴란드 음악이 나아가야 할 방향을 끊임없이 탐구하였고 작곡가, 피아니스트, 평론가, 교육자로서 활동하였다.

시마노프스키는 오페라, 발레 음악, 교향곡, 협주곡, 실내악곡 등을 작곡했다. 그의 음악에 있어 피아노는 각별히 중요한 악기였다. 그가 남긴 피아노 독주곡은 16곡이며, 또 독주 피아노와 오케스트라를 위한 협주 교향곡만 하더라도 전 작품의 약 $\frac{1}{4}$ 정도가 된다. 가곡, 바이올린곡, 오케스트라곡에 있어서도 피아노는 중요한 역할을 하였다.

시마노프스키는 어린 시절부터 피아노와 가까운 환경 속에서 자랐다. 그의 형 페릭스, 외사촌 게리프 네이가우스, 그리고 친구인 알토르 루빈스타인 등 명피아니스트들과 많은 날들을 보냈기 때문에 자연스럽게 명연주에 관심을 기울이게 되었다. 그는 국내외에서 자작의 가곡과 바이올린곡의 반주를 하는 한편, 피아노곡 특히 협주 교향곡의 독주자로서도 활동하였으나, 이른바 명피아니스트는 아니었다.

1935년 3월, 코펜하겐의 연주회에서 자작의 〈마주르카〉를 연주하는 등 자작곡의 반주자로서 활동할 때 신문과의 인터뷰에서 '만약 내가 명피아니스트였다면 쇼팽의 곡을 연주했을 것이다. 나는 피아니스트가 아니며, 나는 피아노를 치는 작곡가의 한 사람이다.'(3월 22일, Dagens Nyheter 紙/K. Michalowski 編：Karol Szymanowski, Pisma, Tom 1, p.459)라고 말하였다. 이 인터뷰로 볼 때 무엇인가 명피아니스트에 대한 아쉬움과 동경심이 있었던 것으로 생각된다.

그의 피아노곡은 대가(大家)를 의식하며 작곡되어 연주시에는 자주 난해한 테크닉을 요구하고 있으나, 그것은 결코 외면적 효과를 노린 것이 아니라 어디까지나 표현상의 한 수단으로서 구사된 점을 주목해야 한다. 그의 음악의 진가가 지금까지 충분히 이해되지 못했던 그 부분을 극복하여 뛰어난 연주를 들을 수 있다면, 사마노프스키의 음악은 찬란한 빛을 발하며 청중을 사로잡을 것이다.

최근, 서양과 일본에서 시마노프스키 애호가들이 늘어난 것은 1982년에 탄생 100주년을 맞이하여 악보 출판, 레코드 및 CD의 제작 '일본 시마노프스키 협회'의 설립 등에 의한 활발한 보급 활동 외에, 뛰어난 연주와 접할 수 있는 기회가 많아졌기 때문이 아닌가 생각된다.

시마노프스키의 음악 양식은 대체로 초기(1914년경까지), 중기(1918년경까지), 후기(1937년까지)로 나눌 수 있다.

초기는 쇼팽에서 출발하여 화성적으로는 바그너와 스크리아빈(초기)의 영향을 받았던 시기와, 레거와 R.슈트라우스에 심취했던 독일 신낭만파 시기로 나눌 수 있다. 즉, 기능 화성 음악 시대로서 작품 1부터 작품 21까지 중에서 8곡의 피아노곡을 작곡했다.

중기는 두 번에 걸친 이탈리아 여행을 계기로 작풍이 바뀌어 프랑스 근대 음악과 스크리아빈(후기)의 영향이 가미된 독자적인 인상주의 시대로서, 작품 29, 33, 34, 36의 4개의 피아노곡이 이 시기에 포함된다.

후기는 1918년 폴란드 국가 독립과 1922년 남부 산악 지방의 자코파네라는 마을에 살기 시작하면서 형성된 민족 양식 확립의 시기로서, 작품 50의 〈마주르카(전5권 20곡)〉 발스 로맨틱, 4개의 폴란드 가곡, 작품 62 등이 이 시기에 작곡되었다.

이처럼 시마노프스키의 작풍은 여러 번 바뀌었으나, 깊이 있는 서정적 표현만은 전작품에 걸쳐 일관성을 나타내는 특징이 있다. 이와 같은 풍부한 서정주의는 그의 로맨틱한 자질에서 우러나오는 것이라 할 수 있겠다. 즉, 시마노프스키는 본질적으로 낭만주의자였던 것이다.

그는 같은 시대를 풍미했던 유럽의 작곡가들이 반낭만주의를 표명하며 새로운 현대적 어법을 추구하는 분위기 속에서도 쇤베르크, 베베른 등의 12음 기법과 같은 혁신적인 것과는 거리를 두면서, 새로운 음악을 추구하고 실험에 실험을 거듭하며 오로지 자신의 음악을 추구했다. 그 도달점이 바로 폴란드 민족 양식이라 하겠다.

후기의 작품은 피아노곡 〈마주르카〉를 거론할 필요도 없이 극히 현대적이며 개성적이다. 한마디로 시마노프스키의 전작품이 그가 바로 20세기 전반기의 독특하면서도 위대한 작곡가였음을 웅장하게 대변하고 있는 셈이다.

본 춘추사판(태림출판사 발행)은 자필 악보, 필사 악보, 초판 악보를 근거로 한 원전 분석판이다. 이 시마노프스키 전집에서는 기존 판에서의 오기, 기보상의 미비점, 불일치를 바로잡고, 시마노프스키의 기보 스타일과 음악 구조를 기초로 하여 그가 진정으로 의도했던 바를 표현하는 데 목표를 두었다.

이 전집에서 각권의 수록 작품은 시마노프스키의 창작 시기에 맞추어 아래와 같이 4권으로 나누었다.

제1권 초기(후기 낭만주의 시대) ①　작품 1, 3, 4, 8
제2권 초기(후기 낭만주의 시대) ②　작품 10, 14, 전주곡
　　　　　　　　　　　　　　　　　과 푸가 작품 21
제3권 중기(인상주의 시대)　작품 29, 33, 34, 36
제4권 후기(민족주의 시대)　작품 50, 발스·로맨틱, 4개의
　　　　　　　　　　　　　　　폴란드 무곡, 작품 62

작품 해설

❖폴란드 민요에 따른 협주곡 　작품 10

작곡 연도 : 1900～1904년
헌　　　정 : 지그문트 노스코프스키
초　　　연 : 1906년 2월 16일, 바르샤바('젊은 폴란드' 최초의 콘서트)
　　　　　　독주 : 켄리프 네이가우스
　　　　　　　　　(이와 같은 콘서트가 같은해 3월 30일 베를린에서도 열렸다.)

이 곡은 시마노프스키가 바르샤바 음악원에서 노스코프스키로부터 작곡과 대위법을, 자바르스키로부터는 화성법을 배우던 시절의 작품이다.

야히메츠키에 의하면 제 2, 4, 5, 7, 10의 각 변주는 1900년부터 1902년 사이, 제1 및 제6 변주는 1903년에서 1904년 사이의 작품이라고 한다. 같은 시기에 작곡을 시작한 작품 3의 변주곡(1901～1903)이 먼저 완성됐다. 피아니스틱한 거장성을 추구하였다는 점에서는 작품 3과 공통되지만, 더욱 수준 높은 작품을 위해 완성되기까지 5년이라는 세월이 소요된 역작임을 증명하듯 규모가 방대하고 기법도 치밀하다.

이 곡은 폴란드 민요에 대한 관심이 뚜렷이 나타난 작품으로도 주목된다. 어릴 때부터 노래하고 들어 온 민요가 작곡가의 맥박과 융해되어 이것이 아주 자연스러운 형태로 작품에 반영되었다고 볼 수 있다.

작품 1-3 및 1-4, 작품 3의 제3변주의 마주르카, 1902년작 〈카스프로비치의 시(詩)에 의한 3개의 단장(斷章)〉(작품 5)의 폴란드 코랄풍의 선율과 반주, 특히 제3곡의 마주르카 리듬에 따른 멜로디가 그 예이다.

이 작품들은 정도의 차이는 있지만, 어쨌든 시마노프스키 초기의 민족 음악과 관련 있는 작품으로, 민요나 무용의 영향을 직접 받아 쓰여졌다기보다는 폴란드인으로서의 그의 음감의 발로로 생각된다.

이 변주곡 주제의 출처에 대해서는 여러 가지 설이 있지만, 후비누스키에 의하면 얀 크레치누스키(1837～1895)가 편곡한 〈민요집〉에 수록된 폴란드 남부 산악 지방의 민요라고 한다.[주1]

당시 시마노프스키는 이 지방의 민요를 실제로 들은 적은 없고 채보된 멜로디와 리듬을 보고 민요의 오리지널 형태라고 생각하였던 것 같다.[주2]

이러한 민요의 멜로디, 하모니, 리듬을 도입하여 폴란드적인 교향시를 작곡한 이가 시마노프스키이고, 작품 10의 변주곡에서는 스승에게 배운 방법으로 직곡을 시도한 학생 시절 시마노프스키의 우직한 일면도 엿볼 수 있다.

따라서, 그의 후기 작품에서 볼 수 있는 차원 높은 폴란드 음악의 창조라는 의도를 이 시기의 작품에서 찾으려는 것은 무리일 것이다. 그러나 그의 시도는 참신한 감성과 분방스러울 정도의 피아니스틱한 거장성과의 만족스러운 연결 고리가 되어, 브람스 이후 그다지 기대할 수 없었던 피아노 변주곡이라는 장르에 작품 3과 어울리는 귀중한 두 곡을 작곡하게 되었다.

곡은 짧은 서곡, 주제 및 10개의 변주로 이루어져 있다. 변주 기법 면에서는 슈만이나 브람스를 연상시키지만, 색채적이고 절묘한 화성은 역시 후기 낭만파임을 알 수 있다. 가끔 볼 수 있는 불규칙한 마디 구조, 폴리포닉한 기법 등은 산악 지방의 민요와 어떤 관련이 있으리라 생각된다.

각 변주는 아타카로 연결되어 있지만 그때까지의 어느 작품보다도 원활한 연관성을 보여 준다. 그리고 조종(弔鐘)의 울림을 모방한 중후한 화음의 제8변주 등에는 시마노프스키의 독자적인 멋이 넘쳐 흐른다. 또한, 환상적인 분위기를 연출하는 마지막 곡의 트릴이나 트레몰로의 색채적 효과에서 중기의 인상주의 양식 마저 느껴진다.

● 서　주: 안단테 도로로오소 루바토/**b**단조
　즉흥적이며 환상적이다.

● 주　제: 안단티노 셈푸리체/**b**단조
　산사람 〈사바와의 선율〉[주3]을 연상시키는 아름다운 16마디의 주제이다.

● 제1변주: 메노 모소/**b**단조
　왼손으로 연주되는 주제에 오른손이 여러 겹으로 베일을 씌우듯 장식하고 있다(작품 3의 제1변주와 같은 기법이지만 더욱 치밀하고 아름답다).

● 제2변주: 아지타토/**b**단조
　왼손의 옥타브에 오른손으로 두터운 화음을 더해 가는 중후한 변주이다.

● 제3변주: 렌토 메스토 마 포코 아지타토/**b**단조
　싱코페이션하는 반주 음형과 옥타브의 멜로디이다. 3마디의 구조이다.

● 제4변주: 알레그로 몰토 아지타토/**b**단조
　에튀드풍. 오른손이 매우 어렵다.

● 제5변주: 안단티노/**b**단조
　오른손이 간결한 민요풍의 멜로디를, 왼손이 셋잇단음으로 폴리포닉하게 반주한다. 중간에서 양손의 역할이 교체된다.

● 제6변주: 안단테 돌치시모/**B**장조
　이곳에서 처음으로 장조로 전환되며, 옛날 이야기처럼 분위기가 독특하다.

● 제7변주: 피우 모소/**B**장조
　오른손이 $\frac{9}{16}$박자, 왼손이 $\frac{6}{16}$박자로, 스크리아빈 풍의 흔들리는 듯한 폴리리듬이다.

● 제8변주: 마르치아 후네부레/**g**단조
　*quasi campana*라고 기입되었던 최저 음역의 G_1과

Cis₁-D, 후에 D_1-G_1은 마치 조종(弔鐘) 그 자체의 울림과도 같다. 〈사바와의 선율〉에 의한 장송행진곡. 파레스텔이 관현악용으로 편곡하였고, 1937년 4월 6일 바르샤바에서 거행된 시마노프스키 장례식 때 오지미누스키 지휘로 바르샤바 필에 의해 연주되었다.

● 제9변주: 피우 모소(알레그로)/**B**장조
　멀리서 들려오는 파도소리와 같은 웅성거림으로부터 서서히 주제가 부각된다. 독립된 성격을 가진 변주곡이 아니라, 장송행진곡에서 다음의 피날레로 연결되는 고리에 불과하다.

● 제10변주: 피날레. 알레그로 비보/**B**장조
　200마디에 이르는 장대한 피날레이다. 이 마지막 곡 중간에 '미트 푸몰'(유모어를 가지고) 및 독일어로 쓰인 푸카토 부분이 있다. 시마노프스키에게 대위법을 가르친 선생님인 노스코프스키에 대한 인사라고 생각된다.

(주1) Adolf Chybiński: Szymanowski a Podhale, p.12. PWM. Kraków 1980.
(주2) 나중에 실제로 산사람들의 연주를 들은 시마노프스키는 '크레치누스키가 채보한 선율은 고유의 소박함이 결여되어 신용할 수 없다'라고 쓰고 있다(일본 시노프스키협회 편, 〈시마노프스키 사람과 작품〉, 춘추사, 1991년, p.244 참조)
(주3) 얀 쿠세프토프스키(통칭 사바와): 19세기에 폴란드 남부 산악 지대(타트라 산지)에 실존했던 사냥꾼으로, 그 지방의 음악가였다. 그의 스타일은 〈사바와의 선율〉로 계승되고 있다.

❖ **환상곡**　작품 14

작곡 연도 :　1905년
헌　　정 :　겐리프 네이가우스
초　　연 :　1906년 2월 9일 바르샤바('젊은 폴란드'의
　　　　　　제2회 콘서트)
　　　　　독주 : 겐리프 네이가우스

이 곡은 시마노프스키가 폴란드 음악 문화의 수준을 서유럽 수준까지 끌어올리자라는 슬로건 아래 '젊은 폴란드'를 결성했던 시기에 작곡되었다.
　1905년경부터 그는 독일 신낭만주의에 심취된 경향이 현저하게 엿보이지만, 화성이나 형식면에서 변화를 모색하던 이 과도기적 작품에서도 R. 슈트라우스의 영향을 볼 수 있다. 토닉이 곡의 마지막까지 유보된다든지, 곡 전체가 조바꿈이나 괘류(掛留)의 연속

으로 이루어진 것 등이 그 예이다. 이런 구성은 작품 1-6이나 작품 4-4 등의 소품에서도 이미 보아 왔지만, 이 작품 14에서는 큰 규모의 악곡을 F♯장조에서 시작하여 제일 먼 C장조에서 끝맺음을 하는, 당시로서는 색다른 화성상의 시도를 하고 있다.

비교적 구성이 자유로운 '환상곡'이라는 형식을 취한 것은 납득이 가는 부분이다. 표제는 없지만 기분이나 템포 등의 표현 변화에서 뛰어난 교향시와 같이 만드는 방법, 순환 주제의 사용, 빈번하게 출현하는 감7화음 등은 모두가 리스트풍이다(시마노프스키 자신이 오케스트라적 색채를 지닌 작품을 '소나타 환타지아'라고 부르고 있다).

곡은 세 부분으로 구성되고, 앞에서 기술한 바와 같이 처음은 F♯장조로 시작하여 제2부는 A♭장조(이 부분이 끝나는 곳에서 일단 a♭단조 토닉), 제3부의 최종 단계에서 C장조에 다다른다. 음조직 면에서는 반음계적 화성, 감7화음, 3온음, 해결 보류의 딸림화성, 부분적 겹조성 등이 돋보인다.

R. 슈트라우스의 독일 신낭만파의 영향은 제1부의 45 ~ 52 등에서 보이고, 또 28 ~ 31 의 상행 음형은 스크리아빈의 〈희열의 시〉 주제와 매우 비슷하다. 한편, 제3부 143 ~ 153 의 콰지 카덴차 부분처럼 그 색채적이고 관능적인 표현이 한번 들으면 시마노프스키의 작품임을 알 수 있을 정도로 독특한 면도 있지만, 중기의 작품과 혼동될 만한 부분도 있다.

● 제1부: 그라베

점음표 리듬의 3음 ♪♪♩ 의 모티브를 모자이크처럼 구성한 첫머리의 주제(A)가 미스테리오소(신비적으로)로 제시되고, 뒤이어 아지타토의 음형(12 13)이 나타난다. 이것은 16 후반에서 시작하는 주제(B)에 대한 앞선 설명이다. 21 이후는 리스트의 교향시처럼 양 주제를 변모시키면서 다루고 있다(A · B의 양 주제는 순환 주제로서 제2, 3부에도 나온다).

● 제2부: 논 트로포 알레그로, 마 몰토 파쇼나토 에 아펫토오소

환상적이고 정열적인 주제가 A♭장조로 나타나고 있지만(C), 결코 토닉에 안주하지 않고 조바꿈을 반복한다. 특히, 80 이후에서 고조되어 정열적이 된다. 72 부터 나타나는 주제(D)는 제3부에서 재현된다.

무지개처럼 여러 가지 트릴로 눈부시게 아름다운 중간부를 거쳐 109 이하에서 주제(A)가 재현된다. 계속하여 그라베, 파테티코가 나온 다음, 일단 정지하여 갑자기 제2부 첫머리의 주제(C)가 렌토, 메스토, a♭단조로 나타난다(초고에는 이곳에 Grablied라고

쓰여져 있다).

● 제3부: 알레그로, 몰토 데치소, 에네르지코

순환 주제(A)가 왼손에 나오고, 오른손은 제2부 72 에서 유래된 음형(D)을 연주하지만, 이곳의 화성은 매우 날카롭고, 흉악하고 사나운 느낌마저 든다. 계속되는 섬세한 콰지 카덴차와의 대비는 극단적이기도 하다.

154 의 알레그로에서 순환 주제(B)가 변모하여 나타나, 템페스토스의 163 을 거쳐 증4도 관계에서 함께 있던 딸림7화음이 교대로 나오는 곳이다. 따라서 (A) 176 ~ 179 , 제2부 첫머리의 주제 (C) 195 ~ 198 , 몰토 비바체의 (B) 207 , 알레그라멘테의 (D) 214 , 마지막에 (A)가 조종의 울림에 싸인 아다지오 메스토를 나타낸 다음 힘있게 전곡을 끝맺는다.

❖전주곡과 푸가 c♯단조

작곡 연도 : 푸가는 1905년, 전주곡은 1909년
헌　　　정 : 없음
초　　　연 : 미상

1909년 12월에, 베를린의 〈악계신호(樂界信號)〉라는 음악신문사 주최 작곡 콩쿨에서 제2위 입상 작품이다. 전주곡은 같은해 7월, 태어난 곳인 티모슈프카에서 완성되었다. 참고로, 이 콩쿨의 심사위원은 부조니, 호렌다, 샤르벤카였고, 총 응모수 874곡, 1위는 스위스의 작곡가 E. 브란시에였다.

전주곡은 조용히 흔들리는 팔카로레풍의 리듬으로 쓰여졌는데, 주제는 반음의 움직임에 특징이 있고 푸가와 내적 관련을 지니고 있다. 4성 푸가는 형태 그대로 잘 쓰여져 있지만 아카데믹한 기법에 따른 듯하면서도 그 음악 내용은 대단히 표정이 풍부하다. 레가의 영향을 엿볼 수 있으며, 시마노프스키 초기 후반의 독일 신낭만주의 시대의 작품이다.

● 전주곡: 렌토, 논 트로포, 루바토/c♯단조

단조와 장조 사이를 왕래하는 주제와, 왼손의 흔들리는 듯한 반주 음형이 조옮김을 반복하면서 활기를 띤다. 그리고 아타카에서 다음 푸가로 계속된다.

● 푸 가: 안단테/c♯단조

표정 풍부한 아름다운 4마디의 주제(37~40), 5도 위의 응답 주제(40 ~ 43), 뒤따르는 주제의 옥타브(44 ~ 47), 4도 낮은(47 ~ 50) 응답 주제.

중간부에서는 E장조의 주제(52 ~ 55)에 이어 55 의 오른손 B장조의 주제, 계속해서 이런 형태로 조옮 김과 트릴을 더해 가면서 움직인다. 드디어 79 에서 주 조성으로 복귀하고 조용히 곡을 마친다.

❖소나타 제2번 작품 21

작곡 연도 : 1910~1911년
헌   정 : 나타리야 다비도바
초   연 : 1911년 12월 1일/베를린
         (베를린에 이어 뮌헨에서도 연주되었다. 폴란드
         초연은 1912년 1월 7일, 크라코프)

이 곡은 교향곡 제2번 작품 19와 거의 같은 시기에 쓰여졌는데, 두 곡 모두 전2악장(제1악장은 소나타 형식, 제2악장은 변주곡과 푸가)으로 구성되었다.
시마노프스키 초기의 정점을 이루는 대작이다. 그는 이 대작을 1910년경부터 착수했지만, 고향의 티모슈프카에서 친구 스피스에게 보낸 편지에 '지금 대단한 기분으로 교향곡을 쓰고 있지만, 동시에 소나타도 작곡하며 많은 시간을 소비하고 있다'(1910년 7월 6일), '어제 교향곡 제1악장을 완결하였다'(1910년 8월 7일)라고 쓰고, 10월에 교향곡을 완성하였다.
그러나 1910년 9월 12일 야히메츠키 앞으로 보낸 편지에는 '이 여름에는 새로운 피아노 소나타의 작곡에 열중하고 있으며 반 정도 끝났습니다'라고 쓰여져 있어 양쪽의 밀접한 관계를 나타내고 있다. 그러나 완성은 다음해 8월로 넘어갔다. 그 후 그는 '나의 소나타는 머지않아 다행히 완성될 것입니다. 피날레는 물론이고 푸가까지 말입니다. 이 소나타는 너무나 길고 어렵기 때문에 도대체 누가 이 곡을 칠 수 있을지 모르겠습니다'라고 1911년 8월10일 티모슈프카에서 야히메츠키 앞으로 편지를 보냈다.(주)
확실히 이 곡은 그 거대함과 복잡함에 있어서 낭만파 피아노곡 중 손꼽히는 작품이다. 한때 작곡가 자신이 이 곡을 연주할 수 있는 피아니스트가 없지 않을까 걱정했지만 마침내 루빈스타인이 초연한 것으로 알려졌다. 이 소나타와 교향곡 2번에 의해 시마노프스키의 명성은 서유럽에서 급격히 높아졌다.
제2 소나타는 독일의 신낭만주의를 답습하여 쓰여진 마지막 작품이지만, 그로부터 4, 5년 후에는 독자적인 인상주의 스타일에 따른 작품을 만들게 되었다. 그리고 이 곡을 헌정받은 다비도바 부인은 티모슈프카 근교에 사는 교양 있는 러시아인으로, 시마노프스키의 좋은 친구이자 조언자이기도 했다.

● 제1악장: 알레그로 앗사이, 몰토 이파시오나토
전개부 후반과 재현부 전반이 융합된 소나타 형식, 제1주제는 첫머리에서부터 격렬하게 G♮음상의 감7도에 시작하여, 그 상행 선율은 왼손의 움직임이 유연성은 뛰어나지만 조성적으로 불안정하다. 이 주제는 21 이후에서 반복되며 곡은 점점 정열적이 된다. 제2주제는, 제1주제와는 대조적으로 콰지 안단테, D♭장조이다. 표정이 매우 풍부하다(53 ~ 63).
전개부는 콰지 도피오 모비멘토, 미스테리오소(신비적으로)로 되어 있으며, 제1주제로부터 시작된다(103 이후). 화성적으로는 매우 복잡하다. 또, 전개부 후반의 153 이후에서는 제시부 전반의 26 이후 부분이 나타난다. 전개가 계속되는 도중에 어느새 재현부에 다시 들어와 있게 되는 약간 보기 드문 수법이라고 말할 수 있다. 쇼팽의 소나타 재현부 제1주제의 생략과 관련이 있을지도 모른다. 180 에서부터 콰지 안단테, A장조로 되고 제2주제가 재현된다. 마에스토소로 힘있게 악장을 마친다.

● 제2악장: A장조/주제와 8개의 변주 및 푸가
주제와 각 변주는 조성이 안정되어 있어 제1악장과 비교할 때 눈에 띄게 대조를 이룬다. 각 변주 사이는 끊기지 않고 계속해서 연주된다(단, 각각의 변주 첫머리에서는 템포의 지시만 있을 뿐 '제○변주'라는 지시는 없다).

[주 제] 알레그레토 트란쿠이로(그라치오소)/A장조
밝고 생동감 있는 주제이다. 작곡자 자신이 주제에서부터 제2변주까지를 '밝고 기쁨에 넘치는' 기분이 들게 하였으며, 기본적인 플레이즈나 화성 구조도 이와 관련있다고 서술하였다.

[제1변주] 포코 피우 비바체/A장조

[제2변주] 포코 메노(안단티노 트란쿠이로)/A장조

[제3변주] 리스텟소 템포/F장조
'깊은 표정으로 노래하도록. 약간 신비적으로'라고 표기되어 있다. '우수의 안개에 싸여 있는 것처럼' 변주한다.

[제4변주] 알레그레토(스케르찬도 에 카프리치오소)/
          B♭장조
기분 내키는 대로 장난스러운 블루레스풍으로, 어지러울 정도로 색채적인 조바꿈을 반복한다. 자주 복조(複調)적으로 울림.

[제5변주] 템포 디 사라방드/f♯단조
  매우 장중하고 약간 고풍스런 분위기를 지닌 변주.

[제6변주] 템포 디 미뉴에트(콘 모토)
            폼포소(장엄하고 화려하게)/E장조
  의식을 치르듯 장중하며 약간 뽐내는 듯한 느낌의
변주.

[제7변주] 알레그로 몰토 인펜토오소, 콘 그란 폴차/A
            장조
  황당무계한 토카타에서, 시마노프스키에 의하면 '전
곡 중 가장 유별난' 변주.

[제8변주] 라르고 몰토 에스프레시보
  c♯단조로 시작하여 조바꿈을 거듭하면서 a단조에
이른다. 그 자신이 '아마 지금까지 쓴 곡 중 가장 깊
은 맛이 나는 악구'라고 말한 곡. 푸가로 이행되는
부분은 모데라토에서 [256] 부터 [271] 까지지만, 전곡
중에서 가장 박력있는 곳이다. 노도와 같은 음형 속
에서 푸가 주제가 드러난다.

[푸 가] 알레그로 모데라토. 포코 스케르찬도 에 카프
           리치오소/A장조
  놀란 듯한 느낌의 주제이다. 주제 제시에 이어지는
대립 악구도 주제의 일부를 사용한다. 푸가 전체는
치밀하고 엄격하다. 높낮이를 구성하는 짜임새의 정
밀함, 힘, 특히 후반에서 오케스트라적인 기법의 힘
이 압도적이다. [305] ~ [310] 에 보이는 주제의 반진행
형도 기계적이지 않고 돌체에서 풍부한 표정을 나타
낸다.
  계속해서 이중 푸가, 카논, 확대형 등의 여러 가지
로 구성되어 곡이 매우 힘있게 진행되며 '장대하면
서도 숭고하게' 끝난다.

  (주) 이들 편지의 내용은 다음 서간집에서 인용하였다.

  T. Chylińska편: Karol Szymanowski, Korespondencja,
Tom 1, 1903~1919, PWM. Kraków, 1982.

시마노프스키 피아노 작품표

작품번호	곡 명	작곡 연도
1	9개의 전주곡(9 Préludes) 1. b단조 2. d단조 3. D♭장조 4. b♭단조 5. d단조 6. a단조 7. c단조 8. e♭단조 9. b♭단조	1899~1900
4	4개의 연습곡(4 Etudes) 1. e♭단조 2. G♭장조 3. b♭단조 4. C장조	1900~1902
3	변주곡 b♭단조(Thème varié)	1901~1903
10*	폴란드 민요에 의한 변주곡 Variationen über ein polnisches Volksthema	1900~1904
8	소나타 제1번 c단조(1ère Sonate[1])	1903~1904
14*	환상곡(Fantaisie)	1905
-*	전주곡과 푸가(Präludium und Fuge[2])	1905/1909
21*	소나타 제2번(2e Sonate)	1910~1911
29	〈메토프〉(Métopes) 1. 세이렌 섬(L'île des Sirenes) 2. 칼립소(Calypso) 3. 나우시카(Nausicaa)	1915
34	〈가면극〉(Masques) 1. 세헤라자데(Shéhérazade) 2. 어릿광대 탄트리스(Tantris le Bouffon) 3. 돈 환의 세레나데 (Sérénade de Don Juan)	1915~1916
33	12개의 연습곡(12 Etudes[3])	1916
36	소나타 제3번(3e Sonate)	1917
50	마주르카집 전5권 20곡(Mazurkas[4])	1924~1925
-	발스 로맨틱(Valse romantique)	1925
-	4개의 폴란드 민요(4 Polish Dances) 1. 마주르카(Mazurka) 2. 크라코비아크(Krakowiak) 3. 오베레크(Oberek) 4. 폴로네이즈(Polonaise)	1926
62	2개의 마주르카(2 Mazurkas)	1933~1934

*표는 본서에 수록된 곡.

[注 1] 1917~1918년, 일부 개작
[注 2] 푸가는 1905년, 전주곡 1909년
[注 3] 제5번만 1905년 작.
[注 4] 4곡씩을 한 권으로 5회로 나누어 출판.

출판보와 PWM판 전집에 관하여

교정 보고
연주 노트

——YOSHIKI MORIYASU——

범 례

1. 춘추사판(태림출판사 발행) 〈시마노프스키 작품 전
집〉은 자필 악보, 필사 악보 및 초판 악보에 근거한
이른바 원전 비평판으로서, 폴란드 음악 출판(PWM)
의 〈시마노프스키 전집〉을 비롯하여 지금까지 간행
된 거의 대부분의 출판 악보를 참고로 하였다.
2. 교정 보고는 ① 곡명·작품 번호·작곡 연도, ② 초
판의 원제목·출판사·출판 연도, ③ 자필 악보의 유
무, ④ 참고 자료, ⑤ 보고 기사로 이루어져 있다.
3. 교정자에 의한 텍스트에의 부가, 보완에 있어서는
[   ] 등의 괄호로, 붙임줄·이음줄 등의 교정, 부
가에 있어서는 점선으로 표시했으며, 교정·삭제에
관해서는 교정 보고에 명기했다. 어쩔수없는 이유
로 이상의 원칙에 따르지 못했을 경우에는 그 내용
을 기재했다.
4. 임시 기호는 가능한 한 작곡자의 자필 악보에 가
깝도록 노력했으나, 주의 임시기호에 붙여진 괄호
및 ×, ♭♭의 취소, 그 외 내츄럴(♮, ♭♭ 등의 ♮)은 생
략하였다. 그리고 교정자가 임의로 부가시킨 주의
임시기호(취소 기호를 포함)에 관해서는 원칙적으
로 자세히 언급하지 않았다.
5. 작곡자 자신의 운지법은 이탤릭체 숫자로 표시하
여 편곡자의 운지법과 구별했다. 다만, 작곡자의 자
필 여부가 판단하기 곤란한 곳은 다른 사람의 운지
법을 채택한 곳도 있는데, 이 부분에 대해서는 교
정 보고 혹은 주: 注) 등에서 그 취지를 명기했다.
6. ☐ 안에 쓰인 숫자는 마디 번호를, 상·중·하는
각 보표의 상단·중단·하단을 의미한다.
7. 음높이 표시는 독일식 음명을 사용하였다(G음 기
호 제2칸=a').
8. 주로 저음역에 나타나는, 점선을 동반하지 않은 *8*
은 해당음에만 유효하다.

해 설

A = Autograph 자필 악보.
UE = Universal Edition, Wien. 유니버셜 출판사, 빈.
ES = Editions Max Eschig, Paris. 맥스 에시그사, 파리.
PWM, P = Polskie Wydawnictwo Muzyczne, Kraków.
　폴란드 음악 출판사, 크라크프. 춘추사판 교정 보
　고에서는 PWM이 UE와 ES와의 제휴에 의해 간행
　된 〈시마노프스키 전집〉을 PWM으로 기재하고,
　PWM의 다른 출판물에 대해서는 단순히 P로 기
　재하여 구별했다.
SN = Spółka Nakladowa Mlodych Kompozytorów Pols-
　　kich, Berlin, Warsaw.
　'젊은 폴란드' 작곡자 출판 협회, 베를린, 와르사우.
PIW = A. Piwarski & Co., Kraków. A.
　피와르스키 상회, 크라코프.
DRZ = Z. Drzewiecki
　Z. 제베츠키 판, P에서 출판된 제베츠키 교정의
　시마노프스키 피아노곡, 제베츠키 판.
ALB = Szymanowski Album per Pianoforte
　P에서 출판된 제베츠키편 〈시마노프스키 피아노
　앨범〉
MUZ = Muzgiz, Moskva.
　러시아 국립음악출판소, 모스크바. 이 출판사에서
　간행된 소로킨(Solokin)편 〈시마노프스키 피아노
　곡 선집〉.

1. A₁, A₂는 자필 악보의 제1원고 및 제2원고, UE₁,
UE₂는 UE의 초판, 재판(개정판)을 나타내지만, 특
별한 구별이 필요없을 경우 숫자는 생략하였다.
2. 위에서 약어로 표기된 것 이외에 별도로 각 작품
의 원본 및 참고 자료로 사용한 것에 대해서는 필
요에 따라 그때그때 해설하였다.

출판보와 PWM판 전집에 대하여

19세기 말부터 20세기 초에 걸쳐, 폴란드 신세대 예술가들 사이에서는 과거의 인습이나 사회적 속박을 거부하고 자유롭고 개성적인 표현을 존중하는 사람들이 나타났다. 이들이 바로 '젊은 폴란드'라는 그룹으로서, 음악 분야에서는 시마노프스키, 피텔베르크 등 5명이 그룹을 결성했다.

이들의 작품을 세상에 알리기 위해 르보밀스키공(公)의 재정 원조를 기반으로 하여 설립된 기관이 '젊은 폴란드' 작곡가 출판협회(SN)이고, 베를린의 A. 슈타르사와 바르샤바의 게베드넬 앤드 볼프사가 실무를 대행했다. 시마노프스키의 작품 1, 4, 10의 초판은 이렇게 간행됐는데, 이들 3곡의 판권은 1913년에 빈의 유니버셜 출판사(UE)로 넘어갔다.

작품 3, 8, 14의 초판은 크라코프의 A. 피바르스키 상회(PIW)에서 출판되었고, 이것은 판권 소유가 바뀌지 않았다. 그래서인지 이 3곡은 폴란드 이외에서는 비교적 널리 알려지지 않았다.

1909년, 시마노프스키는 베를린의 '악계 신호(樂界信號)'라는 음악신문사가 주최한 작곡 콩쿨에 응모해 〈전주곡과 푸가〉로 2위에 입상했다. 이 작품은 1910년에 〈10곡의 입상 피아노곡〉이라는 곡집에 수록되어 음악신문사에 의해 책으로 출판되었다. (Verlag der Signale für die musikalische Welt, Berlin=VS).

시마노프스키 작품의 약 80%를 펴낸 출판사인 UE는, 앞서 말한 SN에서 3곡의 리프린트판을 제외한 작품 21부터 작품 50에 달하는 피아노곡 대부분을 간행하였다. 1950년부터 1970년대에 걸쳐 시마노프스키는 악보를 구하기 어려운 작곡가의 한 사람으로 손꼽혔는데, 그 책임의 절반은 품절된 작품의 중판을 게을리한 UE측에 있다(시마노프스키 탄생 100주년이 되는 1982년에 맞추어 UE는 거의 모든 작품을 중판했다). UE의 초판이 중대한 오류를 포함하고 있는 것은 중판이 늦어졌기 때문이며, 그 대부분이 오늘날까지 이어지는 상황을 초래했다.

또, 사소한 일일지 모르지만 출판사의 사보 담당자가 스타카토 점을 스타카티시모로 읽는 경향이 있어 (UE판의 베토벤 피아노 소나타 등에서도 볼 수 있음), 시마노프스키의 작품에서도 여기저기 흩어져 있는 스타카티시모를 스타카토 점으로 바꿔 넣는 작업이 필요하다.

그런데 작곡자 생전에 중판을 거듭한 작품 34 〈마스크〉 등은 정정 부분이 작곡자의 요청에 의해 이루어졌다고 볼 수 있다는 점에서 자필 악보 이상의 신빙성을 갖는다.

그리고 UE에서 재고가 바닥이 났을 때, 크라코프의 폴란드 음악출판사(PWM)에서는 Z. 제베츠키를 편집·교정자로 하여 일련의 시마노프스키 피아노 작품을 출판하기 시작했다(DRZ). 춘추사에서는 이 DRZ판을 대상으로 하여 그나마 연구를 거듭할 수 있었다. 제베츠키는 작곡자와 특히 친분이 두터웠던 피아니스트로서, 그 당시 시마노프스키에 대한 최고 권위자로 주목받았다.

DRZ판은 UE(초판)에 나타난 오류 가운데 상당 부분을 정정하고 면밀하게 운지법을 첨부하였다. 제베츠키는 손이 작은 사람이었기 때문에, 운지법에 대해서도 반드시 시마노프스키 작품에 적합하다고 말할 수 없을지 모르나, 교정만큼은 높이 평가되어야 한다. 또한, 1975년에 출판된 〈시마노프스키 앨범〉에서도 제베츠키는 이전의 DRZ판에서 드러난 오류를 정정한 바 있다.

순서가 뒤바뀌기는 했지만, 1926년 시마노프스키는 런던의 옥스포드 대학 출판국(Oxford University Press, London=OX)으로부터 작곡을 위촉받았는데, 그것은 〈세계의 민족 무곡〉이라는 시화집(앤솔로지)을 위해 〈4개의 폴란드 무곡〉을 작곡하는 일이었다.

그러나 이 작품을 펴낸 OX(초판)의 조잡함은 차마

말로 형용하기 어려울 정도이며, 그 후 여러 판에서도 충분히 교정되지 않았다. 본 춘추사판에서는 이러한 부분을 철저하게 검토하였다.

말년의 시마노프스키는 파리의 에시그사(ES)와 계약을 맺었는데, 피아노 독주곡으로 이곳에서 출판된 것은 작품 62뿐이다. ES판에도 오류나 누락이 OX판과 같이 많다. 그리고 출판사로부터 냉대받은 이 소품이 시마노프스키의 마지막 작품이 되었다.

러시아에서는 1964년에 모스크바의 국립음악출판소(Muzgiz=MUZ)가 〈시마노프스키 피아노곡 선집〉을 출판했다. 이 출판본은 대부분의 내용이 UE를 근간으로 하였으며, 약간의 오류가 정정되어 있다. 그리고 작품 14는 당시 이 판 이외에서는 전혀 구할 수 없었다.

폴란드 음악 출판사(PWM)는 앞서 말한 것 이외에, 1967년에 오랫동안 묻혀 있던 소품 〈발스 로맨틱〉의 초판을 출판했는데, 이 출판사의 최대 업적은 누가 뭐라고 해도 〈시마노프프스키 전집〉의 간행에 있다(내용에 대해서는 다음 페이지의 주 1, 2 참조. 이 획기적 사업에 의해 시마노프스키의 전모가 비로소 세상에 알려지게 되었다. 악보를 구하는 것조차 어려웠던 시대였음을 감안한다면 그 업적은 높이 평가할 만하다.

예를 들자면, 〈시마노프프스키 전집〉에서는 이음줄이나 스타카토의 앞뒤를 비교하는 작업 등 끈기를 필요로 하는 상세한 작업이 대단히 객관적으로 이루어져 있어, 본서를 편찬하는 데 있어서도 매우 큰 도움이 되었다.

그러나 한편으로는 결점도 있다. 우선 첫번째로 시마노프스키의 자필 악보나 초판에 기재되어 있는 다채로운 임시기호 가운데 이론상 없어도 되는 기호는 대부분 배제하고 최소한으로 한정시키고 있다는 점이다(이것은 대단히 번거로운 일이었을 것이다).

이 점은 시마노프스키 기보에 관해 중요한 문제를 제기하고 있으므로, 다음에서 약간의 추가적인 설명을 하고자 한다.

PWM의 교정 방침은 한번에 보기 쉬운 교재를 지향했던 것 같으나, 이것이 오히려 역효과를 초래했다. 순수히 물리적인 의미에서라면 눈의 부담은 확실히 줄어들지 모르겠지만, 연주에 임하는 입장에서 보면 이것은 비실용적인 동시에 불친절한 악보라고 말하지 않을 수 없다.

즉, 일목요연성은 종종 연주가에게는 절실한 문제인데, 자필 악보대로 많은 임시기호를 표기한 UE판과 PWM판을 사용해서 같은 작품을 연주해 본 10여 명의 피아니스트들의 견해로는, 일목요연성이라는 점에서는 이구동성으로 UE가 우수하다고 지적하고 있다.

실제로 시마노프스키의 작품에는 종종 귀찮을 정도로 주의 임시기호가 많이 나온다. 이 중 일부는 오해받는 것을 극도로 싫어한 그의 꼼꼼한 성격 탓으로 돌릴 수도 있을 것이다. 그렇다고 해도 무엇보다 그의 음악 자체가 한편으로는 번잡한 기보를 필요로 하고 있다는 점을 간과해서는 안 된다.

예를 들어, 기능 화성으로 쓰여진 마지막 피아노곡 작품 21의 제2소나타 중 조바꿈에 조바꿈을 거듭하는 마디나 복합조 마디에서 취소 임시기호나 주의 임시기호를 붙이지 않았다면, 악보를 읽는 것 자체가 곤란한 동시에 능률적이 되지 못해 작곡자의 음악적 사고에 신속히 대응할 수 없게 된다.

자필 악보로 볼 때, 이 시기부터 중기까지 시마노프스키는 PWM의 노력과는 반대로 가능한 한 어떤 음표나 임시기호를 붙여 즉석에서 음을 파악할 수 있도록 하였다. 즉, 기호가 없는 음이 내츄럴인지 임시기호인지 생각하여야 하는 불필요한 신경을 쓰지 않게 하기 위한 배려이다.

중기의 여러 조성에 의한 중층적인(네이가우스의 말을 빌리면 '다평면적'인) 구조에서는 울림의 질이나 밸런스를 시각적으로 암시하기 위해 번거로움을 마다하지 않고 마디의 모든 음에 내츄럴을 붙인 것도 있다. 그러나 이것을 '넌센스'라고 간과해서는 안 된다. 검은 건반과 흰 건반의 음표 전부에 내츄럴 복조로 연주해 가는 흐름 위에 검은 검반의 음표 전부에 플랫이라는 제3의 층이 다른 유니폼으로 나타나면 연주자로서는 훨씬 음의 입체감을 느끼기 쉽기 때문이다. 또한, 후기의 마주르카 등에서는 선법 내에서의 음의 변화(일종의 조바꿈)에 대해서 연주자의 주의를 촉구할 목적으로 일부러 주의 임시기호를 붙인 것도 있다.

시마노프스키는 다행히 피텔베르크, 루빈스타인, 고하니스키라는 그 당시 세계 최고의 연주가들에 둘러싸여 일하고 있었다. 그의 기보가 이치를 무시한 읽기 어려운 것이었다면, 이 거장들에 의해 거센 반발이 있었을 것이다. 시마노프스키는 평생 동안 기보법을 바꾸지 않았다. 결국 그는 이처럼 임시기호가 많은 악보가 작곡자의 뜻을 오해없이 가장 정확히 연주자에게 전달할 수 있다는 것을 누구보다도 잘 파악하였던 것 같다.

이제 다시 PWM 전집으로 되돌아가 보자.

UE와 그 외의 초판보에는 너무나 많은 오류가 있었기 때문에 PWM은 초판에서의 정확한 부분마저 의

심을 갖고 바꾸어 버렸다. 자필 악보와는 다르나, 교정의 단계 내지는 개정·중판의 경우, 작곡자 자신에 의해 가필 개정된 ·부분을 자필 악보에 맞추어 원래대로 돌아간 것이 그 한 예다.

이 밖에도 세 번에 걸친 자필 악보의 잘못된 해석, 자필 악보에 남겨져 있지 않은 작품 초판보에 대한 지나친 교정 따위도 PWM의 결점이라고 지적할 수 있다. 이렇게 보면 PWM 전집의 잘못도 큰 편이라고 하지 않을 수 없다.

〈시마노프프스키 전집〉이라는 획기적 사업에 임하는 시점에 작곡가나 연주가 중에서 유능한 인재를 구하여 충분한 시간을 투자할 필요가 있었던 것은 아닐까 하고 생각하게 된다.

시마노프스키 피아노 곡 출판 연보

출판연도	작품·작품번호·작품집	판 명
1906	1, 4	SN(Berlin)
1907	10	SN(Warsaw)
1909	4	SN₂
1910	3, 8	PIW
1910	Präludium und Fuge	VS
1911	14	PIW
1912	21	UE
1913	1, 4, 10	SN→UE
1919	34, 36	UE
1920	34	UE₂
1922	29, 33	UE
1926	50의 Ⅰ, Ⅱ	UE
1926	Four Polish Dances	OX
1929	50의 Ⅲ	UE
1931	50의 Ⅳ, Ⅴ	UE
1935	62	ES
1946	Präludium und Fuge	P
1952	1, 3, 4, Four Polish Dances	DRZ(P)
1955	33	DRZ(P)
1956	10	DRZ(P)
1962	34	DRZ(P)
1964	Szymanowski Pieces (Solokin)	MUZ
1967	Valse romantique	P
1968	Szymanowski Utwory[1] 14	PWM
1970	Szymanowski Utwory[1] 15	PWM
1973	50, 62	DRZ(P)
1975	Szymanowski Album per Pianoforte (Drzewiecki)	P
1982	Präludium und Fuge	VS₂
1982	Szymanowski Gesamtausgabe[2] B8	PWM
1983	Szymanowski Gesamtausgabe[2] B7	PWM
1983	Szymanowski Utwory[1] 13, 16	PWM
1989	Szymanowski Album Ⅰ (Kataoka)	音樂之友社
1990	Szymanowski Album Ⅱ (Kataoka)	音樂之友社

【부기】 이 외에 러시아에서 새 작품집이 간행되었으리라 생각되지만, 본표 작성 시점에서는 참고하지 못했다. (Feb. 1991)

【주 1】 Szymanowski Utwory : PWM 간행의 전 26권으로 이루어진 〈시마노프스키 전집〉 폴란드 국내판. 이 가운데 제13권에서 제16권까지의 4권이 피아노 작품으로, 서문·교정 보고 등은 모두 폴란드어로 되어 있으며, 내용은 다음과 같다.
⑬ Opp. 1, 4, 33, 3, 10, 14 및 Präludium und Fuge
⑭ Opp. 8, 21, 36　⑮ Opp. 29, 34
⑯ Opp. 50, 62 Four Polish Dances 및 Valse romantique

【주 2】 Szymanowski Gesamtausgabe: PWM, UE, ES 공동 출판의 전 17권에 달하는 〈시마노프스키 전집〉. 이 중 B7과 B8이 피아노 작품으로 이 판에서 PWM으로 표기한 것은 이것을 가리킨다. 서문·교정 보고 모두 독일어와 영어로 되어 있다. 위의 폴란드어판과 서문 내용은 다르지만, 텍스트·교정 보고의 내용은 거의 동일하다.

B7 Op.1~Op.21 및 Präludium und Fuge.
B8 Op.29~Op.62 및 Four Polish Dances와 Valse romantique
또, 이 전집 악보 중 일부는 피스 악보로도 간행되어 있다.

교 정 보 고

❖폴란드 민요에 의한 변주곡 작품 10

(1900~1904)

초　　판 : Variationen über ein polnisches Volksthema, Op. 10 *. SN 1907 (＝UE 1913)
자 필 보 : 없음
참　　고 : DRZ, PWM

　*시마노프스키의 오리지널 타이틀은 프랑스어로 쓰인 것이 대부분인데, 이 작품은 무슨 이유에서인지 독일어 표기를 택하였다. 초판은 바르샤바에서 출판되었지만, 같은 SN이 베를린에서 출판한 작품 1, 4는 프랑스어(Variations sur un thème folklo rique polonais, Op. 10)이다.

맨 처음의 못갖춘마디를 ☐1 로 세는 판이 있으므로(DRZ) 주의하기 바란다.

● 서　주
☐3 (상) SN, UE : 내성 마지막 g^1에 8분음표 꼬리를 빠뜨렸다.
☐4 (상) PWM : 각 박자의 이음줄을 음표 3개에만 걸쳤다.
☐6 (상) SN, UE : 세번째 박자 다섯잇단음 마지막 16분음표를 d^2로 잘못 표기했다(e^2).
☐7 (상) SN, UE : 네번째 박자 8분음표에서 점을 빠뜨렸다.
☐7 (하) DRZ를 제외하고 모든 판에서 베이스의 2분음표에 점이 있다.

● 주　제
☐25 이 마디는 불완전하지만, 특별히 ☐25 라는 마디 번호를 붙였다.

● 제 1 변주
☐33 (상) 모든 판에서 세번째 박자의 둘째 16분음표에 ♮을 빠뜨렸다(d^3).
　세번째 박자의 셋째 16분음표 cis^3는 다음 화음의 cis^3와 붙임줄로 묶어야 할지도 모른다.
☐35 (상) 모든 판에서 끝에서 두번째 16분음표에 ♮을 빠뜨림(h^3).
☐37 (상) SN, UE : 세번째 박자 마지막 16분음표에 ♮

을 빠뜨림(g^2).
● 제 2 변주
☐44 (하) SN, UE : 네번째 박자의 제2옥타브에 ♯♯을 붙여야 한다(Fis_1-Fis).

● 제 3 변주
☐61 *più f* 를 네번째 8분음표에서 세번째 8분음표로 옮긴다.
☐61 (하) PWM 이외의 모든 판에 첫번째 박자의 *f*에 ♮을 붙여야 한다.
☐62 (하) PWM이외의 모든 판에 두번째 박자의 제2음에 ♭을 붙여야 한다(as).
☐64 PWM에 따라 *ff*와 *f* 사이에 ＞ 를 보완한다.
☐65 SN, UE : 이 마디 다음에 실수로 겹세로줄이 있고, ☐70 의 끝나는 곳에는 이것이 빠져 있다.
☐68 (하) 두번째 박자 A에는 ☐66 에 따라서 옥타브의 A_1을 부가할 수 있다.
☐69 ~ ☐70 UE에서 ☐70 첫번째 박자에 있는 ＞ 를, PWM은 ☐69 후반에서 ☐70 에 걸치는 ＞ 로 해석하고 있는데, 이것이 적절하므로 여기에 따른다.

● 제 4 변주
☐101 SN, UE : 이 마디 다음에 겹세로줄을 빠뜨렸다.

● 제 5 변주
☐111 (하) SN, UE : 첫번째 박자에 불필요한 아르페지오가 있다. 이것을 삭제한다.
☐112 (상) PWM : 두번째 박자 다음 화음에서 위쪽으로의 8분음표 꼬리를 붙여야 한다.
☐126 (하) PWM : *da capo*의 지시가 누락되어, 이 마디 마지막에 실수로 불필요한 높은음자리표가 있다.

● 제 6 변주
☐127 (하) SN, UE : 베이스 h를 붙임줄로 묶인 2개의 2분음표에 기보했다.
☐147 (상) 모든 판에서 세번째 박자 다음의 옥타브가 a^1-a^2로 되어 있지만, ♯이 붙여야 하지 않을까 생각된다. 경과적 부분이기 때문에 판단이 곤란하

지만, 이 변주에 나타나는 ♪♪♪ 음형이 이곳 이외
에서는 전부 장2도로 움직이는 것으로 보아 ais¹-
ais²로 한다.

[152] (상) PWM 이외의 모든 판에서 8⁻⁻⁻⁻⁻⌐이 실수로
첫번째 박자 다음에서부터 시작되고 있다.

● 제7변주

[158] PWM 이외의 모든 판에서 *dim.*이라고 된 것은
sim.(*ile*)의 실수이다.

[171] ~ [174] (하) 이 4마디 사이의 4개 옥타브는 원래
coll 8ᵛᵃ(*bassa*) 지시로 약기되어 있었다. 여기에서
는 위치가 틀리기 쉽고 잘못 읽는 것을 방지하
기 위해 이것들을 실음으로 바꾸어 썼다.

[173] (상) DRZ에 따라 마지막에서 두번째 음에 ♮을
보완한다(a²).

[184] (상) SN, UE 모두 마디 마지막에서 두번째 음을
e²로 오기했다(dis²).

[187] PWM에 따라 초판에서는 [186]에 있던 *poco
cresc.*를 이 마디로 옮긴다.

[192] (상) PWM에서는 8⁻⁻⁻⁻⌐의 시작이 네번째 16분
음표 dis³에서부터 되어 있지만, 세번째 gis³부터
시작되어야 한다.

● 제8변주

[197] *più f*의 지시를 두번째 박자에서 첫번째 박자
로 옮긴다.

[204] 모든 판에서 이 마디 다음에 겹세로줄을 쓰고
있지만 [206]에서 새로운 플랫이 시작하는 것과
크게 어긋난다. 교정자는 이것을 [204], [205] 양
마디의 두번째 박자 이후가 아주 동일하다는 것
으로부터 비롯된 오기로 판단하여 [205] 다음으
로 겹세로줄을 이동했다.

● 제10변주

[246] SN, UE에서 세번째 박자부터 다음 마디에 걸쳐
서 쓰여 있는 *sempre ff*를 이 마디 첫머리로 옮
긴다.

[247] (하) SN, UE : 화음에 점이 없다.

[251] (상) 네번째 박자 첫째 음 fis⁴에 fis³를 부가하고
옥타브로 한다([253] 참조).

[251] (하) SN, UE : 두번째 박자와 세번째 박자의 최
초 16분음표에 각각 ♯을 붙여야 한다(gis², dis³).

[253] (상) SN, UE : 내성의 두번째 박자와 세번째 박
자의 둘째 16분음표에 각각 ♯을 붙여야 한다(gis²,
gis³).
　그리고 네번째 박자 제1옥타브 밑의 음에 대해서

는 PWM 이외의 모든 판에서 ♯을 빠뜨렸다(gis³).

[259] PWM에 따라서 [255]와 같게 *sf* > 를 보완
한다.

[268] *p* 지시를 첫번째 박자에서 두번째 박자로 옮
긴다.

[270] (상) SN, UE : 첫번째 박자의 옥타브에 8⁻⁻⁻⁻⌐가
빠져 있다. 그리고 하단의 Cis-cis에도 8을 빠뜨
린 것으로 보는 것이 타당할 것이다(이것은 모
든 판에서 그냥 지나치고 있다).

[272] (하) SN, UE : 세번째 박자 다음의 옥타브를 E₁-
Gis로 오기했다.

[286] (상) SN, UE : 트릴의 2분음표에 ♯을 붙여야 한
다(eis²).

[287] [289] (하) [287]의 붙임줄로 연결된 2분음표와
각 괄호는 이들 음표가 트레몰로와 무관한 것을
지시하기 위해 의도적으로 쓰여진 것이다. PWM
은 설명 없이 cis¹-dis¹을 온음표로 고쳐서 [289]과
같게 하였지만, 본서에서는 [289] 쪽을 [287]과 같
게 했다.

[299] [303] (상) SN, UE : 양 마디 네번째 박자의 첫6
도상의 음에 각각 ♯을 붙여야 한다.

[302] [306] [414] [418]의 각 마디에 있는 > 는 위치
가 제각각이지만 의도하는 곳은 분명히 같다. 이
것들을 가장 타당하다고 생각되는 [418]과 같게
하였다.

[303] 이곳과 같은 [415]의 *meno piano*로 볼 때 이 마
디의 *poco meno*가 *pp*에 걸리는 것은 명확하다.
PWM은 이것을 템포 지시로 오인하고 *poco meno
a tempo*로 하고, [303]의 시작 부분에 *pp*를 두고
있다.

[306] (상) SN, UE에서는 이음줄이 마디 전체에 걸려
있으나 음정이 같은 곳에 맞추었다.

[332] (하) SN, UE : 테너 성부의 a를 붙임줄로 묶인 2
개의 2분음표로 기보했다.
　([336] (하)의 2분음표 e도 마찬가지로 2개의 4분
음표로 기보. 이하 이런 종류의 차이점에 대해서
는 언급하지 않는다.)

[341] *f*를 두번째 박자에서 첫번째 박자로 옮긴다.

[344] (하) SN, UE : 마지막에서 세번째의 32분음표에
♯을 빠뜨렸다(cis).

[363] (하) SN, UE : 두번째 박자와 세번째 박자의 첫
16분음표에 각각 ♯을 빠뜨렸다(gis², gis³).

[365] (하) SN, UE : 두번째 박자와 세번째 박자의 첫
16분음표에 각각 ♯을 빠뜨렸다(ais², ais³).

[367] [371] PWM판에 따라 초판에서 두번째 박자 다
음에 있던 *mf*를 첫번째 박자 뒤로 옮긴다.

369 (하) SN, UE : 마지막 8분음표에 ♮를 빠뜨렸다
(H-h).

373 (하) 모든 판이 마지막 8분음표에 ♮을 빠뜨렸다
(Cis-cis).

381 383 (상) PWM은 이들 마디 전반부를 269 271
과 같게 썼지만 그럴 필요성은 없다.

393 (상) 8------은 마지막에서 네번째의 eis²(상단 마
지막 음)까지이다.

399 (상) 첫번째 박자의 셋째 16분음표를 401과 같
게 fis³에서 eis³로 고친다.

405 (상) SN, UE : 세번째 박자의 첫째 음을 실수로
e⁴로 하고 있다.

411 415 (상) SN, UE : 양 마디 네번째 박자의 첫 6
도상의 음에 ♯을 빠뜨렸다(dis⁴).

422 (하) DRZ : 꾸밈음표의 윗음(H)에도 붙임줄을
붙인다.

425 PWM은 이 마디의 *sempre ff*를 422의 *fff
sempre*와 모순된다는 이유로 삭제하였지만, 이
*sempre ff*는 절대적인 음량을 가리키는 것이 아
니라 *non dimin.*의 의미로 지시되었다고 생각되
므로 굳이 삭제할 필요까지는 없다(작품 4-2의
31 참조).

429 (상) 네번째 박자 다음의 8분음표가 e²-e³인지 ♯
을 붙이는 것을 빠뜨려 eis²-eis³라고 읽을 것인지
결론을 내리기 곤란하다. 다음의 fis²-fis³에의 상
행 이끎음으로서의 기능에서 ♯을 보완하고 싶지
만, 이 작품의 여러 곳에서 보이는 선법적인 성
격에 이것이 반드시 융합되는 것은 아니다(예를
들어 342 ~ 343, 346 ~ 347 등의 화성 진행을
보라). 어쨌든 이곳에는 무언가 임시기호가 붙어
야 한다.

433 (상) PWM은 세번째 박자의 화음 cis⁴-e⁴-gis⁴에
∧을 부가하고 있지만 잘못된 것이다(이 주변의
몇 마디에는 변주 주제의 선율음에 한해서 ∧가
부가되어 있다).

433 (하) 첫번째 박자 앞의 Fis₁-Fis 옥타브는 Fis₁-Gis
의 오기일 가능성이 크다.

439 (하) SN, UE : 두번째 박자의 2개의 8분음표를
실수로 1옥타브 낮게 기입했다.

441 (하) PWM만 첫번째 박자 화음의 리듬이
이 아니라 로 되어 있는데, 여기에 관해서는
아무런 언급이 없다. 연주하기는 그만큼 쉽지만
작곡자의 의도에 의한 것인지 아닌지 명확히 알
수 없다. 본서에서는 초판에 따른다.

❖ 환상곡 작품14(1905년)

초　　판 : Fantaisie pour Piano, Op. 14. PIW 1911
자 필 보 : PWM소장, 크라쿠프*
참　　고 : MUZ, PWM
　　＊결정판이 아니기 때문에 이를 근간으로 삼기 힘
들지만, 이 작품이 헌정된 겐리프 네이가우스에
의한 운지법이 적혀 있다(판독 가능한 것에 한해
본서에서는 이것을 이탤릭체 숫자로 기록했다).

● 제1부

8 ~ 11 (상)　A에서는 10의 네번째 박자를 제
외하고 fis-fis¹, fis¹-fis²의 각 옥타브에 ∧를 붙였지
만, PWM은 이를 전부 >로 고쳤다. PIW(초판)
에서는 본서에서와 같이 2개의 테누토와 1개의
>(10 제2박자)가 붙어 있을 뿐이다. 너무 차
이가 난다고 생각되지만, 출판에 접하여 처음으
로 *quasi corni* 외의 세세한 지시가 가필되면서
이때 ∧가 현행의 기호로 대체되었다고 추측된다.
이들 기호를 ＞ 와 관련하여 읽지 않으면 안
된다는 뜻이다. 이상의 여러 상황으로 판단하여
PIW 기보가 작곡자가 의도했던 바라고 간주한다.

13　마디 끝부분에 있던 *rall.*를 16과 같게 세번
째 박자로 옮긴다.

21 (상)　A에서는 첫번째 박자의 화음이 cis¹-fis¹-gis¹
이다. 또, PWM을 제외하고 모든 판에서 세번째
박자에 4분쉼표가 빠져 있다.

25 26 (하)　A : 두번째 박자의 리듬이 로 되
어 있다.

27 (상)　A : 두번째와 네번째 박자의 여섯잇단음의
h³가 b³로 되어 있다.

28 29 (상)　시마노프스키는 동기 에 과
의 두 종류의 이음줄을 잇는 방법을 썼으나
PWM은 이를 곡 전체에 걸쳐서 로 통일하
였다. 28 29 에 한해서 말한다면 이 처리가
적절하지만, 16분음표를 4분음표에 묶는 짧은 이
음줄은 이 작품에서 중요한 역할을 하기 때문에
보완·정정은 신중히 행해져야 한다. 아예 초판
그대로 두는 것이 좋다(16 이후와 28 29
또 154 이하와 207 이하를 비교해 보도록).

31 (하)　A : 첫번째 박자 처음 2개의 16분음표가 B₁,
As이다.

32 33 (하)　A에서는 테너 성부 두번째 박자 다음
의 8분음표와 계속되는 4분음표에 각각 ∧를 붙
인다. 따라서 초판이 세번째 박자에 >를 빠뜨린

것으로 판단되므로 이것을 보완한다.

33 (하) PIW, MUZ : 네번째 박자 셋째 16분음표에 ♮을 빠뜨렸다(g).

37 (상) PIW, MUZ : 두번째 박자 첫 16분음표에 ♮을 빠뜨렸다(g^2).

39 A : 이 마디까지가 c($\frac{4}{4}$), 40 부터 $\frac{5}{4}$로 쓰여져 있다.

42 (하) A : 각 옥타브의 윗음이 없다.

44 (상) A : 트레몰로의 제2 겹음이 f^3-as^3-b^3이다.

44 (하) A : 트레몰로의 제1 겹음의 아랫음이 g^2이고 ♭이 붙어 있지 않다.

51 (상) A, PIW, MUZ : 세번째 박자의 화음 a^2와 a^3에 ♮을 빠뜨렸다.

61 (상) PIW : 마디 마지막 8분음표에 ♭이 없다.

● 제2부

73 (상) MUZ : 두번째 박자의 6도에 fis^2를 빠뜨렸다.

76 (상) MUZ : 첫번째 박자 제2 겹음의 아랫음에 ♮을 빠뜨렸다(e^2).

82 83 (하) 강약 기호를 80 81 과 같게 한다.

86 87 (하) PWM에서는 양 마디의 제3, 4박자 전체에 이음줄이 걸쳐 있지만, PIW 87 에서는 이것을 빠뜨렸다. A에서는 이곳이 느슨하게 쓰여져 셋잇단음에 붙은 호선처럼 보인다(이곳과 같은 90 91 에서는 이것을 빠뜨림). 본서에서는 이것을 삭제한다.

93 (상) 네번째 박자의 5연부 h^3, as^3, es^3, d^3, h^2는 h^3, as^3, f^3, es^3, h^2의 오기일 가능성이 크다(89 를 참조할 것).

94 96 (상) A : 양 마디 첫번째 박자의 내성 e^3에도 트릴 지시가 있고 2중 트릴로 되어 있다.

97 99 PWM : 세번째 박자에 *f*를 빠뜨렸다.

98 (하) MUZ : 두번째 박자의 베이스에 ♭을 붙여야 한다(ces^1).

99 (상) MUZ : 첫번째 박자 es^3에 실수로 b^3와 공통의 4분음표 기둥이 붙어 있다.

100 (상) A : 두번째 박자 화음에 새롭게 ces^3이 더해져 있다.

100 (하) A : 네번째 박자의 화음을 ges-ces^1-as^1으로 오기했다(ges-ces^1-ces^2).

103 (하) MUZ : 세번째 박자 둘째 16분음표에 ♭을 빠뜨렸다(des).

103 ~ 106 (하) 강약 기호를 80 ~ 81 과 같게 한다.

106 (하) PIW, MUZ : 세번째 박자 제2, 제3의 16분음표를 b^1, as^1으로 오기했다(as^1, ges^1).

116 (상) PIW, MUZ : 첫번째 박자 다음에서부터의 4개 화음에 e^2를 빠뜨렸다(117 첫번째 박자 앞에서도 같다).

117 (상) PIW, MUZ : 마디 마지막 화음의 cis^1을 des^1으로 오기했다. 또, 이 cis^1과 다음 마디의 cis^1을 묶는 붙임줄을 빠뜨렸다(이곳에는 PWM에서도 붙임줄이 없다).

118 (하) PWM : 두번째 박자 H_1에서 점을 빠뜨렸다.

119 A : 이 마디의 점2분음표에 페르마타가 있고, 다음 마디에는 없다.

121 A : 이곳에 Grablied '만가, 매장가(埋葬歌)'로 기입되어 있다.

125 PIW, MUZ에서는 *mf* 직전에 *dim.*로 되어 있으나, 123 의 *poco avviv. e cresc.* 에 대응하는 것으로 생각되므로 이것을 *rall.* 다음으로 옮긴다.

● 제3부

139 PIW : Allegro molto, deciso, energico. PIW : Allegro molto deciso, energico. 이 표기는 154 에서 추측컨대 Allegro, molto deciso, energico 가 아니면 안 된다.

143 PWM은 *pp*의 앞의 ＞ 를 삭제하고 있다. 이 ＞ 는 페르마타의 *lunga*와 관련지어서 읽어야 할 지시로서, *ff*에서 친 베이스의 울림이 약해져서 *pp*에 이를 때까지 기다리라는 의미이므로 삭제해서는 안 된다.

145 (하) 모든 판에서 첫번째 박자의 저음에 ♮을 빠뜨렸다(ais).

147 148 (하) PWM에 따라 베이스의 작은음표에 ＞ 를 보완한다.

151 A에서는 전혀 틀린 카텐차풍 패시지가 이곳에 있다. PWM에서는 이 마디 하단 마지막 화음의 gis^2에 ♮을 빠뜨렸다.

159 PIW에 *sempre*로 되어 있는데, 이해할 수 없다. *sempre ff*의 뜻인지? 이제 이것을 삭제한다.

161 MUZ : 8------┘가 실수로 첫번째 박자 다음의 G까지 걸려 있다.

166 (상) PIW, MUZ : 세번째 박자의 첫째 음이 옥타브가 아니라 d^4에만 있다.

168 (상) PWM : 세번째와 네번째 박자 각각의 마지막 16분음표에 ♭을 빠뜨렸다(ges^3, ges^2).

176 PWM에 따라 *poco meno mosso*를 보완한다.

176 (상) 모든 판에서 세번째 박자의 화음 최고음에 ♭을 빠뜨렸다(es^1).

179 PWM은 하단 첫번째 박자에 *sf*를, 상단 세번째와 네번째 박자에 ＞ 3개를 보완하였지만, *dim.*

되며 *pp*에 이르기 직전에 있으므로 이는 불필요
하다.

□186□ □187□ (상)(하) A에서는 트레몰로가 16분에 있지
만 초판에서 32분으로 고쳤다. PWM에서는 A에
따랐다.

□198□ (하) 첫번째 박자 셋째 8분음표가 초고에 B₁으
로 되어 있기 때문에 PWM은 이것을 따랐지만,
초판(PIW)에서는 C였다. 이 음역에서의 7도
(C₁-B₁)에 페달을 밟는다면 소노리테가 선명하지
못하고 오히려 둔중해진다. 작곡자가 최종적으로
B₁에서 C로 고쳤다고 보는 것이 자연스럽다.

□207□ □208□ (하) PWM : 이음줄을 자의적으로 고쳐 썼다
(□28□ □29□ 참조).

□208□   PWM에 따라 *crescendo*를 보완한다.

□216□ (하) A : 세번째 박자의 첫째 음이 F-A-c-f의 화
음으로 되어 있다.

□223□ (하) A : 마지막 옥타브가 D-d이다.

□231□ (하) PWM : 세번째 박자 최저음에 ♯을 빠뜨렸
다(Fis₁).

□240□ (상) PIW, MUZ : 첫번째 박자 다음의 16분음표
에 g¹을 빠뜨렸다.

    PWM : 세번째 박자 다음에서 네번째 박자에 이
어지는 짧은 이음줄을 □241□의 제1음까지 연장한
다(□28□ □29□ 참조).

❖전주곡과 푸가 c♭단조

(전주곡 1909년, 푸가 1905년)

초   판 : Präludium und Fuge (cis-moll). Verlag der
         Signale für die musikalische Welt *, Berlin, 1910
자 필 보 : 없음
참   고 : P, VS₂, PWM
    * '악계신호(樂界信號)'라는 음악신문사(VS로 씀)
    에서 펴낸 '10 Preiskompositionen für Pianoforte' 중
    에 수록되었다. 이 작품의 오리지널 타이틀은 독
    일어이지만, VS 주최의 콩쿨 입상작으로 출판된
    것을 기초로 하였다. 프랑스어 표기 : Prélude et
    Fugue (Ut-dièse mineur).

● 전주곡

□5□ (상) VS, P : 여섯번째 박자 다음의 화음 dis²에 ♯
을 빠뜨렸다.

□8□ (하) VS, P : 일곱번째 박자 내성의 화음에 실수
로 4분음표 기둥을 붙였다.

□9□ □10□ □11□ (상) 모든 판에서 각 마디 여섯번째
박자의 c²에, e²와 공통의 8분음표 꼬리가 붙어

있지 않다(□11□에서는 세번째 박자에서도).

□19□ (하) VS, P : 마디의 마지막에 (베이스의) 16분쉼
표와 8분쉼표가 없다.

□20□ (상) PWM : 여섯번째 박과 다음 화음의 최고음
his³에 그 다음과의 붙임줄을 빠뜨렸다.

□23□ □24□ (상) PWM : 여섯번째 박자 dis²에 fisis²와
공통인 8분음표 꼬리가 붙어 있지 않다.

□25□ (상) 초판에는 두번째 박자에 *dimin.*으로 되어
있지만, PWM에 따라 이것을 삭제한다.

□26□ (하) VS, P : 두번째와 세번째 박자의 8분음표를
묶는 이음줄을 빠뜨렸다.

□26□ □27□ (상) 모든 판에서 여섯번째 박자 gis¹에 his¹
과 공통의 8분음표 꼬리가 없다.

□27□ (상) VS, P : 네번째 박자 화음의 ais¹에 ♯을 빠뜨
렸다.

□29□ (하) VS, P : 베이스의 다섯번째 음표를 16분음
표로 오기했다.

□30□ (상) VS, P : 첫번째 박자의 d¹과 fis¹이 □29□로부
터의 붙임줄로 이어지지 않았다. 게다가 첫번째
박자의 fis¹과 ais¹에 점을 빠뜨렸다.

□30□ (하) PWM : 두번째 박자 다음의 16분음표 Gis
부터 세번째 박자 8분음표 fis에 이음줄을 붙여
야 한다.

□33□ (하) 여섯번째 박자를 그대로 읽으면 dis-a이지
만, 베이스에는 ♯이나 ♮이 필요하다. ♮을 붙이지
않았으므로 d-a의 가능성도 있지만, 이곳에서는
결론을 내리지 않고 유보한다.

□34□ (상) VS, P : 첫번째 박자의 eis-cis¹의 6도에 점을
빠뜨렸다.

□35□ (상) VS, P : 점2분음표 cis¹이 하단에 쓰여져, 상
단에 온쉼표가 있다.

● 푸 가

□37□ (상) 초판(VS)에는 본서에서와 같이 두번째 박
자 cis¹의 4분음표에 스타카토가 있지만, PWM은
이것을 삭제하였다. 이 푸가에서 스타카토는 이
곳에만 있지만, 푸가 주제의 제1음 취급 방법을
시사하는 것이므로 그냥 지나칠 수는 없다.

□44□ (하) VS : 두번째 박자의 cis에 >가 붙어 있다
(본서에서도 같음). PWM은 이것을 삭제하였다.
□37□의 스타카토와 같이 무시해서는 안 된다.

□72□ (상) 두번째 박자 알토의 네번째 16분음표에 ♮
을 보완(h¹). PWM처럼 이 마디를 다루는 것은
무리이다. 푸가에 있어서 첫번째 박자 소프라노
성부에 붙였던 ♯을 두번째 박자 알토 성부에서
도 유효하다고 보았으며, 더욱이 다음 박자에서

는 이것에 ♮을 붙였다가 이 ♮을 다시 소프라노 성부에서 유효하다고 보는 등 도저히 받아들일 수 없다.

❖소나타 제2번 작품 21
(1910~1911년)

초　　판: Il. Sonate, Op. 21*. UE 1912
자필보: UE 알히프 소장/빈
참　　고: PWM
　　*A에서는 IIme Sonate pour Piano seul, Op.21이다.

PWM에서는 전곡을 통해서 마디 번호를 붙이고, 그위에 제1악장 첫머리의 못갖춘마디를 [1]로 하고 있으므로 주의를 요한다.

●제1악장
[24](상) PWM: 두번째 박자 마지막 8분음표에 ♮을 빠뜨렸다(a^2).
[26](하) 자필보에는 베이스 A_1에서 Ais_1-Ais에 걸쳐 이음줄이 있다. UE에서는 이것을 빠뜨렸다. 이 이음줄을 PWM에 따라 [27]의 점2분음표까지 연장한다.
[34]~[35](상) UE: [34] 마지막 fis^1과 [35]의 ges^1을 묶는 붙임줄을 es^1에의 이음줄로 오기했다.
[39](상) UE: 두번째 박자 다음(¢에서 세어서)의 fis^1의 4분음표 기둥을 빠뜨렸다. 또, 그 직후의 e^1-e^2의 옥타브에 ♮을 빠뜨렸다(A에서도 같다).
[42](상) PWM은 일곱잇단음의 꼬리를 16분음표로 정정하고 있지만, 이러한 케이스에서는 기보의 이론상 정확함보다도 시각에 호소하는 것이 우선적이다. A 그대로 둔다([169]도 같다).
[46] PWM: *f*를 빠뜨렸다.
[46](하) UE: *il basso dolce marcato*의 지시가 없다.
[48](하) UE: 점이 없다.
[50] PWM: 상하 양단에 *p*를 빠뜨렸다.
[50](상) UE: 세번째 박자의 bb-des^1을 실수로 점8분음표로 하고 있다.
[72] [199]에서와 같이 *mp*를 보완한다.
[77][101][204](상) PWM은 이들 마디의 ♩♩ 또는 ♩♩의 음형을 함부로 ♩♩, ♩♩로 바꿔 쓰고 있지만, 양자의 의미가 특히 이 악장에서는 같지 않으므로 용인하기 어렵다(작품 14 환상곡 [28][29]의 교정 보고 참조).
[83](상) UE: 마지막 16분음표를 실수로 f^3으로 하

고 있다(a^3).
[90] A, UE: *ff*의 지시가 늦어서 두번째 박자에 와 있다.
[97]~[100](상) UE: 각 셋잇단음의 이음줄을 빠뜨림([101]~[102]의 첫번째 박자 앞까지의 하단에서도 같다).
[103] 이 *misterioso*는 말소되었던 Temop Ⅰ(Quasi doppio mov.에 계속됨)과 관련되고, [103]과 [104]로 뛰어넘어 상단 위쪽에 쓰여져 있다. 물론 [103] 첫머리부터 효력을 가진다는 지시이다.
[104] PWM에서는 *pp*를 삭제하고 있으나 부적절하다([106]과 비교하라).
[109] UE: 마디 후반의 ＜ 를 빠뜨렸다.
[110]~[111] 독보를 용이하게 하기 위해 양 마디 상단에서 4개의 2분음표(c^1, ces^1, b, a)를 하단으로 옮겼다.
[110](상) A, UE: 두번째 박자(¢에서 세어서)의 최초 8분음표에 ♮을 빠뜨렸다.
[118](상) UE: 끝에서부터 다섯번째의 8분음표에 ♯, 네번째 8분음표에 ✕를 빠뜨렸다(fis^2, $fisis^2$).
[119](하) UE: 최초의 화음에 4분음표 기둥 대신에 실수로 베이스와 공통의 8분음표 꼬리를 붙였다.
[120](하) 내성의 마지막에 8분쉼표를 보완한다. PWM은 Fis로 지속되던 끝부분에서 점을 간과하고 실수로 4분쉼표를 두었다.
[125]~[126] A에서는 양 마디에 각각 *dim.*가 쓰였는데, 이곳에서 페이지가 바뀌게 되면서 발생한 중복이라고 생각한다. 이것을 2마디에 걸치는 하나의 *dim.*로 해석했다. 또, 이 두 마디 사이에서 상단의 각 8분음표에는 스타카토를 보완해야 할지도 모른다.
[126](상) 두번째 박자 둘째 음 g^1-g^2에는 A, UE같이 ♮을 붙이고 있지만, ges^1-ges^2의 오기로 생각된다.
[130]~[133](상) UE는 이 4마디를 1줄의 이음줄로 묶고 있지만, PWM에 따라 2마디 단위의 이음줄로 고쳐 썼다([139]~[142]에서도 같다).
[132](상) A: 처음부터 3개의 4분음표 기둥을 빠뜨렸다(UE에서도 제2, 제3의 4분음표 기둥이 없다).
[135](상) UE: 마디 후반의 es-es^1과 dis-dis^1을 연결하는 붙임줄을 빠뜨렸다.
[153] PWM에 따라 상하 양단의 마지막 음에 각각 ＞를 부가한다.
[158](상) UE: 세번째 8분음표의 위쪽에 손가락 번호 *1*이 없다. 또, 끝에서부터 두번째 8분음표에 ♮을 빠뜨렸다(dis^2).
[171]~[172](하) A, UE 모두 양 마디의 베이스 H를

묶는 붙임줄을 빠뜨리고 있지만, 이곳과 같은 44~45에 맞추어 이것을 보완한다.

172 (하) UE : 첫번째 박자의 8분음표 e-d¹을 d-d¹으로 오기했다.

173 PWM : *f*를 빠뜨렸다.

173 (상) A, UE : 마지막 16분음표의 d³에 ♮을 붙여야 한다.

177 (하) PWM : *p*를 빠뜨렸다.

179 (상) UE : 내성 세번째 박자의 4분쉼표를 빠뜨렸다.

193 (하) A, UE : 베이스의 2분음표에 점을 빠뜨렸다. 또, 이 d음과 195의 2분음표 fes에, 66과 68로부터 유추하여 각각 *sf*를 부가한다.

196 이곳과 같은 69로부터 유추하여 *p*를 보완한다.

199 UE : *mp*를 실수로 베이스에 두었다.

210 (상) A, UE, PWM과 같이 두번째 박자의 화음을 h¹-f²-g²-h²로 하지만, 83 85 212 의 각 마디로부터 추측해 볼 때 g²는 gis²의 오기인 것 같다 (h¹-f²-gis²-h²).

215 (상) A, UE, PWM : 세번째 박자 앞 화음의 최저음을 h¹으로 오기했다(c²).

219 (상) UE : 첫번째, 두번째 박자의 a¹을 묶는 붙임줄을 빠뜨렸다.

238 UE에서는 상단의 제1 페르마타 위에만 *lunga*가 있지만, A에서는 이 마디 전체에 대해서 *lunga*로 되어 있다.

● 제2악장
[주 제]
10 (상) UE : 두번째 박자($\frac{4}{8}$에서 세어서)의 윗성부 4분음표를 h³으로 오기했다(gis³).

[제1변주]
17 A : L'istesso tempo 로 표시되어 있다.

26 (상) A, UE : 제1화음의 f²에 ♮을 빠뜨렸다.
PWM : 최초 2개의 16분음표 중 f²를 연결하는 붙임줄 및 제2, 제3의 16분음표 중 h²를 연결하는 붙임줄을 빠뜨렸다. 그리고 제1, 제2의 16분음표 맨 윗성부 c³와 h² 사이에 불필요한 이음줄이 있다.

30 UE : < 를 빠뜨렸다.

[제2변주]
35 (상) UE : 네번째 박자의 e¹과 36 하단의 e¹을 묶는 붙임줄을 빠뜨렸다.

39 (상) UE : 최초의 4분음표 a¹의 붙임줄을 a¹에서 c²의 이음줄로 오기했다.

42 (하) UE : 두번째 박자의 2개 옥타브에 실수로 8분음표 꼬리를 붙이고 있다.
마디 마지막 옥타브 des¹-des²에 대해서는, A에서는 des²를 말소하려고 한 흔적이 있다(♭은 완전히 지워져 있다). 이 음이 없으면 연주가 한결 스무드해지므로 삭제할 예정이었는지 모른다.

45 UE : 실수로 < 대신에 > 를 두었다.

47 (상) UE : 다섯번째의 16분음표 d¹-d²의 옥타브에 실수로 8분음표 꼬리를 붙이고 있다. 그 직후의 8분음표 옥타브에는 ♮을 보완하여 c¹-c²로 읽는다 (A, UE 모두 ♮을 빠뜨렸다).

[제3변주]

49 UE : *poco misterioso* 지시가 빠져 있다.

55 (하) UE : 마지막 점8분음표 c-a에 실수로 16분음표 꼬리를 붙이고 있다.

60 A, UE에서는 < 가 여섯번째 박자까지 걸려 있지만, PWM에 따라 이것을 수정한다.

61 (하) A에서는 제3 그룹을 ♩, UE에서는 ♪로 각각 오기했다. 본서에서는 F와 F₁에 공통으로 점8분음표 꼬리를 부가하여 기보를 완전히 했다.

[제4변주]

65 (상) PWM은 소프라노 성부에 붙었던 2개의 >를, 이곳과 같은 80 에 이들이 존재하지 않는다는 이유로 삭제하였다. 그러나 교정자는 이와 반대로 생각하는 것이 적절하다고 판단하여, 이곳과 일치하도록 80 에 >를 보완한다.

67 ~ 69, 82 ~ 84 이들 마디에 존재하는 스타카티시모 및 스타카토에 대해서는 A를 구체적으로 검토한 결과, 교정자는 종래의 여러 판과는 읽는 방법을 달리해야 한다는 견해에 도달하였다. 시마노프스키의 필적으로는, 스타카토를——특히 다수의 스타카토를 서둘러 기입한 경우에는——한눈에 스타카티시모와 구별하고 싶었던 것 같다. 하지만 그 음악 내용에 준하여 읽는다면 이들은 대개 상식적 판단 범위에 있다고 말해도 좋다. 이 거대하고 극히 난해한 소나타의 초판은 불행하게도(!) UE가 손댄 최초의 시마노프스키 작품이었기 때문에(출판 연보 참조) 익숙하지 않은 면도 있어, 제4변주와 제7변주에 연속해서 나오는 스타카토를 모든 스타카티시모로 읽고 말았다. 이하, 본서에 있어서는 교정자가 읽는 법을 기입했다.

상단 : 음형이 하강함에 따라 스타카티시모에서

스타카토로의 이행이 관찰되고, 그 때문에 [69]
[84] 양 마디 첫번째 박자 다음의 두 16분음표
에 대해서 결정적으로 말할 수 없다. 여기서는
잠정적으로 이음줄을 붙인 스타카티시모로 했지
만, 스타카토일지도 모른다.

하단 : [67] 과 [82] 는 스타카티시모, 그 외는
스타카토이다. [68] [69] 는 누구의 눈에도 스타
카토이고, 이곳과 같은 [83] [84] 에는 확실히 스
타카티시모로 보이는 명백한 기보가 약간 남아
있지만, 이는 [68] [69] 에서 같은 음형에 분명히
스타카토를 붙였기 때문에 두번째는 어쩌다 약
간 거칠게 펜을 사용한 것은 아닐까?

PWM은 이곳과 제7변주에 대량의 스타카티시모
를 UE에서 그대로 베껴 썼다. 작품 29 〈메토프〉
에서 UE의 모든 스타카티시모를 스타카토로 고
쳐 쓴 PWM이, 이 소나타에서는 왜 정반대로 행
동했는지 전혀 이해가 가지 않는다(시마노프스
키의 스타카토와 스타카티시모에 관한 더 이상
의 논의는 제3권 권말 해설을 참조하기 바란다).

[74]　A : 첫번째 박자 다음과 두번째 박자 다음에서
기둥이 쓰인 방법이 ♩.처럼 초판과 틀리게 되어
있다([89] 에서도 같음).

[81] (상) A, UE : 두번째 박자 앞의 a²에 붙여야 할 ♮
을 실수로 c³에 붙이고 있다.

[제5변주]

[110] (하) UE : ＜ 을 빠뜨렸다.

[제6변주]

[133] [141] [167]　UE, PWM : *f* 를 두번째 박자에 두었
다.

[135] (상) 세번째 박자의 fis¹에 4분음표 기둥을 보완
한다([169] 참조).

[136] (상) UE : 내성의 d¹, e¹, dis¹에 걸린 이음줄을 fis¹
의 붙임줄로 읽고 있다([144] [170] 에서도 같다.
단, [144] 에서는 고음이 다르다).

[161]　A에서 이 마디 세번째 박자 다음에 *ff* 가 쓰여
졌기 때문에 UE, PWM도 여기에 따르고 있지만,
A와 같은 곳인 [179] 에서는 이 *ff* 가 혼동되지
않고 세번째 박자 앞에 놓여 있다. 따라서 [161]
의 *ff* 위치가 어떤의 사정으로 오기된 것으로
판단하여 이것을 세번째 박자 앞으로 옮긴다.

[162] (상) PWM : 첫번째 박자 둘째 16분음표의 gis¹에
e¹과 공통의 하향 16분음표 꼬리가 붙어 있지 않
다([180] 에서도 같다).

[174] (상) UE : 마디 마지막 꾸밈음 ais²와 다음 마디

의 ais²를 연결하는 붙임줄을 빠뜨렸다.

[177] (상) UE, PWM : 첫번째 박자 h¹-h²의 옥타브에
실수로 4분음표 기둥을 붙였다.

[179] (상) 첫번째 박자 전체에 걸려 있던 이음줄을
둘째 음에서부터 수정했다.

[제7변주]

[188] (상) UE : 손가락 번호의 기입이 누락됐다.

[188] ~ [191], [198] ~ [201], [220] ~ [223] 이들 마디 전
부의 스타카토를 UE, PWM은 스타카티시모로 하
고 있다([67] ~ [69], [82] ~ [84] 의 해설 참조).
A에서는 [220] 이하 3마디 사이에서 음량이 증
대됨에 따라 스타카토의 스타카티시모화가 인정
되지만, 이것을 텍스트에 그대로 인쇄하는 것은
오해를 불러일으키기 쉽기 때문에 이곳에서는
아예 스타카토로 통일했다('연주 노트'에 관련 해
설이 있음).

[190] (하) UE : E₁에 ∧와 *sf* 가 없다.

[199] (상) UE : 최초의 16분음표 a²를 g²로 오기했다.

[206]　PWM : 두번째 박자에 *p* 를 빠뜨렸다.

[210] (상) PWM : 네번째 박자 옥타브 위의 음에 ♮을
빠뜨렸다(f³).

[218]　A, UE : *imponente* 를 *imposante* 로 오기했다.

[227] (하) UE : 세번째 박자 앞에 불필요한 *sf* 가 있다.

[제8변주]

[244] (상) A에서는 마지막 화음이 본서에서와 같이
gis-his-e¹-gis¹이고, his와 gis¹에 ♯이 쓰였다. UE에
서는 his에 붙은 ♯을 밑의 gis에 옮겨 gis-h-e¹-gis¹
으로 하였다. PWM에서도 마찬가지로 A에서 h
에 붙었던 ♯을 오기로 본다. 그러나 his가 잘못된
것이라고 볼 수 있는 결정적인 단서가 없기 때
문에 여기서는 A대로 한다.

[255]　PWM : 이 마디 다음에 있는 제8변주의 종결
을 가리키는 겹세로줄을 간과하였다.

[257] (상) UE : 네번째 박자의 점8분음표에 ♯을 빠뜨
렸다(dis²).

[268]　PWM : *ff* 를 빠뜨렸다.

[푸 가]

[272] ~ [281]　UE : 이들 마디 소프라노 성부의 온쉼
표, 또 [278] 까지 베이스 성부의 온쉼표를 모두
빠뜨렸다.

[274] (상) UE : 첫번째 박자의 8분음표에 ♮을 빠뜨렸
다(c²).

[275]　UE : ＜ 를 빠뜨렸다.

277 (하) UE : 첫번째 박자의 8분음표에 ♮을 빠뜨렸다(g¹).

278 (하) 첫째 음 dis¹의 16분음표에 붙은 >은, 주변의 >에 이끌려 실수로 쓰인 것으로 판단되므로 이것을 삭제하고 그 대신 스타카토를 부가한다.

281 (하) PWM : 트릴의 c에 붙임줄을 빠뜨렸다.

282 (상) UE : 두번째 박자 다음에서부터 세번째 박자에 걸쳐 h¹의 붙임줄이 있지만, 이것은 내성에 붙었던 이음줄을 잘못 읽은 것이다.

285 (하) UE : 네번째 박자 2개의 8분음표에 실수로 스타카토를 붙였다(286 마지막 8분음표에서도 같다).

285 286 UE : 테너 성부의 쉼표를 빠뜨렸다.

287 (상) A에서는 소프라노 성부 두번째 박자의 his¹에 ♯을 빠뜨리고 네번째 박자 앞에서 처음으로 ♯이 나타난다. 초판에서는 두번째 박자에 ♯이 보완되어 있는데, PWM은 이것이 옳다고 보았다. 본서에서는 초판에 따랐지만 약간의 의문이 남는다. 교정자는 네번째 박자의 his¹을 h¹으로 읽는 것이 자연스럽다고 생각하지만, 두번째 박자에 붙여야 할 ♯을 실수로 네번째 박자에 기입했을지도 모른다고 추측한다면 너무 지나친 생각일까?

288 (하) UE : 네번째 박자 테너 성부에 < 를 빠뜨렸다.

289 UE, PWM : 마디 후반에 *dimin.*을 빠뜨렸다.

292 UE : 두번째 박자의 > 를 빠뜨렸다.

294 (상) UE, PWM : 네번째 박자 앞의 g¹에 ♮을 빠뜨렸다.

296 UE : 네번째 박자 앞의 *sf*를 실수로 세번째 박자 다음에 두었다. PWM은 이것을 상단으로 옮겼다.

301 (하) UE : 네번째 박자의 > 를 빠뜨렸다.

302 (상) UE : 첫번째 박자의 리듬을 ♫로 오기했다.

303 (하) UE, PWM : 첫번째 박자 앞의 cis에 Cis와 공통의 하향 8분음표 꼬리를 빠뜨렸다.

UE : 세번째 박자 다음에서부터 베이스 성부의 < 를 빠뜨렸다.

304 UE : 마디 후반의 < 를 빠뜨렸다.

305 (하) UE : 두번째 박자의 h에 점을 빠뜨렸다.

309 (상) UE : 두번째 박자 내성 마지막 16분음표에 ♮을 빠뜨렸다.

309 ~ 310 (상) UE, PWM : 309 첫번째 박자에서 h¹의 8분음표로 끝나는 알토 성부에 계속되는 8분, 4분, 2분의 각 쉼표와, 310 의 같은 알토 성부를 위한 2분쉼표 및 8분쉼표, 그리고 310 세번째

박자 앞에서 fis¹으로 끝나는 테너 성부에 계속되는 8분쉼표와 4분쉼표, 이상 전부를 빠뜨렸다. A에서는 이들을 매우 분명하게 기보하고 있다.

310 (상) 두번째 박자의 내성 마지막 16분음표에 ♮을 붙여서 g¹으로 읽고 있다. 이 부근의 윗2성은 fis를 주음으로 하는 후리기아조로 움직이고, 만약 이 음이 특히 gis¹에 있다면 의식적으로 ♮을 기입한 케이스이기 때문이다. ♮이 누락된 것으로 단정한다.

314 (하) UE : 네번째 박자에서 베이스 성부가 들어오는 것을 간과하였고, 세번째 박자의 4분쉼표를 2분쉼표로 오기했다.

315 ~ 316 (하) UE : 양 마디에 걸치는 Fis-fis의 옥타브 아래 음에 A에는 없는 붙임줄을 보완했다. PWM은 이것을 잘못된 것으로 보아 삭제하고 A를 따랐지만, 실제로는 316 첫번째 박자의 내성음 h를 쳐야 하기 때문에 315 끝에서 트릴을 멈춘 후 베이스를 페달에 맡기고 있다. 교정자는 UE의 조치가 정당하다고 판단하여 이곳에 붙임줄을 보완했다.

317 (하) UE, PWM : 내성을 위한 온쉼표를 빠뜨림.

327 UE : 마디 후반의 *ff sempre* 지시를 빠뜨렸다.

329 (상) A에서는 마디 마지막 16분음표에 ♯이 붙어 있다(선명하지 않지만 이 ♯은 전부 칠한 것처럼 보인다).

PWM은 A에 따르고 있지만, 이 부근의 ♫♫ ♫♫의 패턴에서 제4, 제5음이 항상 같은 도수로 되어 있고, 이 마디의 세번째 박자 하단에서 이미 d¹-fis¹-a¹-d²가 *ff*로 나타나는 것 등으로 보아, UE에 따라 ♮을 보완하고 이것을 d²로 읽는다.

330 (상) UE : 첫 화음에 fis¹을 빠뜨렸다(d¹-fis¹-d²).

331 (상) UE : 네번째 박자에 *sf*가 있어야 한다.

331 (하) UE, PWM : 마디 후반에 테너 성부의 2분쉼표를 빠뜨렸다.

332 ~ 333 (상) UE : d¹에서 시작하는 각 옥타브의 도약 음형에 각각 < 를 빠뜨렸다.

333 (상) PWM : 네번째 박자의 g²에 점이 없다.

336 UE : 첫번째 박자에 *mp* 지시를 빠뜨렸다.

336 (하) UE : 첫번째 박자에 > 를 빠뜨렸다.

340 (하) A, UE : imponente를 imposante로 오기했다.

340 (상)(하) UE, PWM : 첫번째 박자 다음의 8분음표 꼬리를 실수로 각각 아래 음에만 붙이고, 윗음에만 있어야 할 16분음표 꼬리를 옥타브 밑의 음에도 붙였다.

342 (하) A, UE : 두번째 박자 다음 화음의 Fis와 fis에 ♯을 빠뜨렸다.

UE : 세번째 박자 맨 처음 화음 f에 ♮을 빠뜨렸다.

344 (하) UE에서는 첫번째 박자에 *ff*가 있지만, A에서는 횡선으로 지워져 있으므로 본서에서는 택하지 않았다.

345 UE : *f*를 빠뜨렸다.

346 A, UE : 최초의 *ff* 위치가 약간 뒤로 어긋나 있는데, 마디 첫머리에 놓여야 한다.

346 (하) UE : 첫번째 박자 둘째 8분음표에 *sf*를 빠뜨렸다.

347 (하) A : 세번째, 네번째 박자의 베이스 d, cis에도 내성 화음과 공통의 상향 4분음표 기둥을 붙인다.

351 (상) UE : 네번째 박자의 화음 gis²에 실수로 ♮을 붙였다.

I. 초기(후기 낭만주의시대)의 피아노곡 ②

❖ 폴란드 민요에 따른 변주곡 작품 10

● 서 주

3 마지막 Cis₁을 페달에서 남기고 4 의 마지막까지 바꿔 밟지 않음.

8 ＜ 은 *ppp*에서 *pp*로의 *cresc.*가 아니라 ＜ *subito pp*로 생각한다. 또한, 이 마디 세번째 박자의 상하 양단에 걸치는 호선은 아마 e¹을 오른손으로 치기 위한 지시인 것 같다.

● 주 제

12 24 초판에서는 이들 마디에 나오는 짧은앞꾸밈음과 본음표 사이에 이음줄이 없다. 자필보가 남아 있지 않기 때문에 이곳에서는 초판에 따르지만, 당연히 이음줄을 보완해도 좋다.

15 네번째 박자 다음의 상하 양단을 묶는 점선은, 어쩌면 하단의 fis¹을 오른손으로 다루게 하고, 소프라노의 선율선이 옥타브 아래의 음으로 덧쓰여진 것을 의식하게 하기 위해 쓰여진 것으로 생각된다.

● 제 1 변주

26 *pp*는 주제 이외의 성부에 대한 지시이다.

34 왼손 마지막 16분음표 e, 36 왼손 마지막 H는, 각각 페달로 다음 마디에 남긴다.

● 제 3 변주

옥타브의 선율음은 *pp*이지만 표정을 가지고 너무 약하지 않게 한다.

68 왼손 두번째 박자의 A에는 1옥타브 밑의 A₁을 함께 연주해도 상관 없다.

● 제 4 변주

오른손의 음형을 충분한 음량으로 울리는 것은 매우 어렵다. 앞팔의 회전 운동을 이용하여 내재하는 의 리듬을 확실히 쳐야 한다.

86 이후: 오른손의 음표 아래쪽에 기입한 손가락 번호는 얼핏 보기에는 부자연스러우나, 선율선을 명료하게 하는 데에는 대단히 유효하다(물론 손의 무게를 이용한다).

88 ～ 93 베이스의 옥타브가 끊어지지 않도록 페달을 밟는다. 각 마디의 첫번째 박자에서 바꿔 밟아서는 안 된다.

● 제 5 변주

*rit.*가 빈번하게 출현하지만 선율의 소박한 움직임으로 볼 때 지루하지 않게 연주하는 것이 요망된다. 자연스러운 루바토의 마음가짐으로 연주한다.

● 제 6 변주

이곳에서 색조를 일변시킨다. 페달에 의한 바림이 필요하다. 127 129 등의 양손이 겹쳐서 움직이기 어려운 곳은 각자 편의에 따라 음의 배분을 바꾸어도 좋다. 예를 들면 127 두번째 박자 오른손의 dis¹-gis¹을 왼손에 맡기는 것 등이다.

(이 곡에서부터 중기에 걸쳐 시마노프스키의 작품은 복잡화의 외길을 걷기 때문에, 더 이상 텍스트를 번잡하지 않도록 하기 위해 편집자에 의한 손의 배분이나 손가락 번호는 꼭 필요한 것 이외에는 최소한으로 기입했다.)

● 제 7 변주

대단히 섬세한 터치여서 마치 손에 잡히지 않으며 떠다니는 안개와도 같다. ∧는 딱딱한 악센트가 아니다. 이 변주의 끝에는 페르마타만이 있어 *attacca*의 기입이 되어 있지 않은 것에 유의하기 바란다.

● 제 8 변주

늘어선 기둥처럼 8분음표가 일정한 간격으로 열거되어 있다. 특히, 조종의 작은음표를 위해서는 보조를 잘 맞추어야 한다.

195 *lugubre*(침통한, 상을 당한듯이)

● 제 9 변주

거의 듣기 어려운 듯한 왁자지껄함 속에서 다음 변주의 *ff*까지를 한줄의 *cresc.*와 *accel*로 옮기는 것은 대단히 어려운 일이다. 강약과 가속을 잘 분배하여야 한다.

229 왼손의 트릴 다음의 작은 음표는 트릴의 보조음에서 (주음으로 돌아가지 말고) 다음 음으로 옮기도록 하라는 의미이다.

● 제10변주(마지막 곡)

다소 간결하지 않은 경향이 있다. 제대로 하기 위해서는 템포의 설정이 중요하다. 즉, 262 에서 *più mosso*, 그리고 274 이후가 *ancora più mosso*로 가볍게 된다고 생각하면 좋다. 374 이후에서도 같다.

251 253 363 365 이들 마디에서는 첫번째 박자에서 페달을 밟고 베이스를 3박자 간격으로 유지한다.

262 이하의 6마디: 홀이 넓을 경우에는 2마디씩 페달을 계속 밟은 채 연주한다(374 이하의 6마디에도 같다).

274 짧은앞꾸밈음과 본음표 사이에 이음줄을 보완해도 좋다. 386 에서도 같다(12 24 의 항 참조.

287 289 의 왼손의 기보는 cis¹-dis¹은 유지음이고, 트레몰로는 a¹·his¹뿐이라는 의미이다. 297 의 오른손에서는 거꾸로 h³-cis⁴와 dis⁴가 트레몰로이다.

313 Mit Humor(유모어를 가지고, 유머러스하게), 슈만풍의 지시이다. 시마노프스키의 피아노곡에 있어서 독일어로 악상 지시가 된 것은 대단히 드물다. *buffo.*(건방스럽게, 장난스럽게). 얼핏 보기에는 독일어와 비슷한 의미의 이탈리아어로 보이지만 뉘앙스는 틀리다. 두 가지 언어로 보완하였다고 생각하는 것이 좋다. 이 푸가토 부분은 마지막 곡 첫머리의 Allegro vivo보다 거의 2배 정도의 속도이다(♩=♪). 이곳에는 음량 지시가 빠져 있으나 *marcato*로 하고, *p* 내지 *mf* 정도에서 시작해도 좋다.

341 *poco meno mosso*에서는 푸가토의 2분음표보다 이곳의 4분음표가 약간 빠르다는 느낌이 들 정도가 좋다.

342 (하)의 마지막 16분음표를 fis-a로, 또한 346 (상)의 마지막 16분음표를 gis¹-h¹으로 읽고 싶을지도 모른다(화성의 기능에서 볼 때). 그러나 작곡자가 이 두 곳 중 어느 쪽에서도 임시기호를 누락시켰다고는 생각하기 어려우므로, 역시 f-a, g¹-h¹으로 해석하고 싶다. 이곳의 화성 진행은, 민요를 주제로 한 이 변주곡의 선법적인 표현이라고 할 수 있다(429 의 '교정 보고' 참조).

390 본 편집자는 왼손 두번째 박자에서 트릴을 중단하지 않고 연주한다.

421 이하에서 손이 작은 연주자는 오른손의 2, 3음을 생략해야 될 정도이다. 예를 들어, 423 두번째 박자의 e³, 네번째 박자의 cis³는 생략해도 그다지 신경에 거슬리지 않는다. 어쨌든 16분음표의 흐름이 늘 *brillante*에 울리게 하는 것이 중요하다.

433 의 왼손 첫째 음은 Fis₁-Gis로 치는 것이 좋다고 생각한다(교정 보고 참조).

435 이후: 넓은 콘서트홀에서 연주한다면 가능한 한 페달을 대강 밟고 조금씩 바꾸어 밟는 편이 효과적이다(미스터치를 않는 한).

❖환상곡 작품 14

이 작품을 헌정받은 겐리프 네이가우스 소유의 자필보에는 'C-dur'라는 조성 표기가 있는데, 초판에서 삭제되었다. PWM 전집판에서는 'C-dur'가 부활되었지만, 곡이 시작된 후 10분 이상을 걸려 최종 단계에서 C장조가 된다. 말하자면 〈C장조로 가는 환상곡〉이지만 곡은 거의 C장조가 아니다. 작품 1-6, 작품 4-4에 계속되는 '곡의 끝까지 토닉을 보여주지 않는' 시리즈의 제3작으로 시마노프스키가 조표를 배척한 최초의 예이다(제2 부분 제외).

곡의 대부분이 조바꿈의 연속으로 되어 있는 음악에서 조표는 거의 그 의미가 없다. 작곡자는 이것의 유무에 관계없이 임시기호를 써 나갔다. 조바꿈의 절차를 확실히 해 화성을 기능적으로 보완하기 위해서는 삭제 기호가 중요하다. 시마노프스키는 이것을 아낌없이 사용했다. 이런 점이 작품에 있어서 주의 임시기호를 매우 많이 사용하게 된 원인이다.

quasi corni, quasi tromboni, quasi campana 등의 지시에서 볼 수 있듯이 오케스트라적 색채가 강한 'Sonata fantasia' (시마노프스키 자신의 말)이다. 오케스트라의 풀 스코어에 실어야 할 내용을 2단 보표에 나타내어 혼란스럽고 까다로우며 번잡해 보이지만, 음악 그 자체는 그다지 난해한 것은 아니다. 최종 원고와는 틀리지만 자필보로 남겨진 것 중 가장 이른 시기의 피아노곡이며, 이것을 PIW(초판)와 비교해 보면, 출판 당시 시마노프스키가 최종 완성 단계에서 세세한 부분에 걸쳐 정밀하고 치밀하게 심혈을 기울인 흔적이 역력하다.

연주 기교면에서는 전곡에 걸쳐 특히 옥타브와 화음의 재빠른 도약을 많이 사용한 것이 눈에 띈다. 이것은 주도 면밀한 연습이 필요하지만, 완주할 때는 결단성 있는 대담한 태도로 실수를 두려워해서는 안 된다. 제3부분의 143 이후 Quasi cadenza를 건드리면 부서질 듯한 광경이 극히 미묘하면서도 황홀한 표정을 이룬다——시마노프스키 중기의 인상주의 스타일의 예고이다. 이 환상곡 전체는 리스트적 색채가 농후하지만, 제2부나 카덴차 연주에서는 터치나 페달링 등이 오히려 드뷔시나 라벨의 작품을 연주할 때처럼 민감함, 섬세함이 요구된다.

94 96 오른손 첫번째 박자 트릴은 윗성부만. 이 중 트릴이 아니다(A에서는 이중 트릴이었지만 초판

에서 말소되었다. 교정 보고 참조)

[161] A에는 *minacciando maestoso* '위협하며, 겁을 주듯이'라고 써 있다.

[163] Tempestoso '태풍처럼', [188] *ironico* '아이러니하게', [193] *ridente* '비웃다, 조소적으로'

[241] 손이 아주 작은 연주자는 왼손 첫번째 박자 다음의 화음 중 c를 생략해도 좋다고 생각한다.

❖ 전주곡과 푸가 c♯단조

매우 중후한 짜임새로 이루어진 전주곡에 엄격한 고전적 기법에 의한 4성의 푸가가 계속 이어진다. 연주에 있어서는 울림면에서 용두사미에 빠지기 쉬우므로 주의가 필요하다.

● 전주곡

오르간 스타일이다. 특히 음량이 증대되는 곳에서는 충분한 레가토를 염두에 두어야 한다.

[33] 왼손 여섯번째 박자는 ♮을 붙이지 않았으므로 d-a일지도 모른다(교정 보고 참조).

● 푸 가

[37] 두번째 박자 cis¹의 스타카토, [44] 두번째 박자의 베이스 cis의 >에 주의한다. 그 외에는 [79]에 >, 이 세 곳을 제외하고는 지시가 없지만, 푸가 주제의 첫째 음은 정도의 차는 있지만 항상 얼마간 끊어서 연주하고, 또 앞뒤 관계에 의해서 악센트를 주어 확실히 울리지 않으면 안 된다.

[44] [46] 초판에서는 이들 마디에 나오는 짧은앞꾸밈음과 본음표의 사이에 이음줄이 없다. 자필보가 남아 있지 않은 관계로 이곳에서는 초판에 따르지만, 당연히 이음줄을 보완해도 좋다.

[50] 네번째 박자의 트릴은 보조음 fis¹에서 시작한다. 푸가에서 이것 이외의 트릴은 전부 주음에서 시작해야 한다([68] [69]처럼 트릴 직전에 음정이 같은 음에 있어서도 마찬가지임).

[63] ~ [64]의 알토 성부의 트릴은 다음 악보처럼 첫째 음을 오른손 첫손가락으로 연주하는 것이 좋다.

성부간의 간격이 커서 음정이 동시에 잡히지 않는 케이스의 아르페지오는 가능한 한 빠르게 한다. 따라서, 왼손에서는 이러한 경우 베이스의 울림이 빈약하게 되고 내성음(종종 엄지손가락)이 강하되는 경향이 있으므로, 울림의 밸런스에 신경쓰기 바란다.

❖ 소나타 제2번 작품 21

시마노프스키 초기의 마지막 작품이다. 그의 기능화성에 의한 피아노곡의 정점에 해당된다. 작곡자 자신이 '거대하고 매우 어려운 곡'이라고 친구에게 말했지만, 이 기념비적인 대작을 통해 시마노프스키는 후기 낭만주의 스타일과 이별을 고하고 몇 년 후 독특한 인상주의의 작곡가로 다시 태어나게 된다.

● 제1악장

작품 1-6, 작품 4-4 및 작품 14 계열 중 가장 규모가 큰 예이다. 악장 마지막에 놓인 A장조 토닉을 향한 길고 긴 조성의 방랑이라고 할 수 있는 곡으로서, 이러한 곡에 무리하게 a단조(UE)라든가 A장조(PWM)라는 조성 표기를 하는 것에 편집자는 거부감을 느낀다.

이 악장은 대부분이 셋잇단음의 짜임새로 이루어져 있는데, 예컨대 [26] 이후와 같이 선율음이 셋잇단음 음형 가운데 나오면 불명료하게 되기 쉽다. 이곳뿐만 아니라, 음량이 큰 부분에서는 항상 울림의 밸런스에 특히 주의하기 바란다.

[39] ~ [42] 이곳에서 △가 자주 나오는데, 이 기호를 붙였던 일련의 음을 굵은 선으로 부각시켰다.

[43] *senza ped.*의 지시는 무시해도 좋다. *secco.* 느낌을 유지하며 음가를 끌지 않는 범위에서 짧은 페달을 사용하는 것은 이곳 음량으로 볼 때 반드시 필요하다.

[45] 이하: 오른손의 밀집화음은 각 음을 정확하고 균등하게 터치해야 한다.

[59] *soave*(감미롭게). 또, 이곳의 *non arpeggiando*가 무리한 주문이라면 베이스를 먼저 치고 나머지를 동시에 울리든지, 아주 재빠른 아르페지오로 연주한다. 어쨌든 건반을 칠 때 비동시성을 느낄 수 없을 정도로 연주한다.

[86] 점점 울림이 두터움을 더해가므로 한 음 한 음을 충분히 울린다. 약간 *allargando* 기분으로. 결코 서둘러서는 안 된다.

[103] *poco sostenuto* 라고 되어 있지만, 악장 첫머리에 비해 비교적 늦게 시작한다. 이곳에서 [113] 까지는 대단히 복잡하고 번거롭게 되어 있으므로 빠른 템포에서는 화성의 진행을 세세한 부분까지 따라가기가 곤란하다(초고에서는 이곳의 Quasi doppio movimento 다음에 있는 (Tempo Ⅰ)를 말소한 흔적이 보인다).

[123]은 [74]와 같은 템포이다. 당연히 [114] ~ [122] 보다 늦다.

[149]의 Furioso 이하에서도 세부를 충분히 울린다(Tempo I 보다 약간 느린 듯한 속도로). [163]에서부터 *poco accel.*는 느려진 것을 원래대로 하기 위해서 쓰여졌다고 생각된다.

[169](하) 92건 이상 있는 풀 콘서트 그라운드에서는 다섯잇단음의 첫2음 Fis₁과 Fis를 1옥타브 낮게 연주한다.

● 제2악장

조성적으로 불안하고 소모성 열병처럼 제1악장에 이어지는 이 변주의 주제는 대단히 투명하고 청순한 인상을 느끼게 한다.

[주제에서부터 제1변주] 여기서는 베이스를 약간 절제하듯이 쳐서 고음역의 음을 선명하고 산뜻하게 울리도록 해야 한다.

[제3변주] 유동성을 늘린다. *poco misterioso*로 되어 있지만 약간 윤곽을 희미하게 하여 안개 긴 느낌으로. 얕은 페달링을 활용한다.

[제5, 6변주] 대부분이 고전 춤곡의 형태로 꾸며져 약간 들뜬 듯한 느낌이 들지만, 자주 나타나는 *espressivo*에서는 원래 그대로 돌아가 소박하게 연주한다.

[제7변주] 작곡자 자신이 '전곡 중 가장 색다르다'라고 말한 토카타풍의 변주곡이다. 용감하게 연주하는 것도 좋지만 고음역의 세세한 음은 베이스에 묻히기 쉬우므로 밸런스에 특히 주의하기 바란다. 연속해서 나타나는 스타카토는, 초고에서는 음높이의 정도, 음량의 증감에 따라 때로는 스타카티시모로 읽을 수 있는 기보도 있다(교정 보고 참조). 스타카토가 차례로 스타카티시모로 변화해 가는(또는 그 반대의) 과정을 인쇄보로 나타낸다는 것은 불가능하므로, 이런 점은 연주 해석상의 문제로서 각 연주자의 판단에 맡기는 방법밖에 없다.

이 변주의 전후에 있는 이행 악구에서 연속된 화음의 패시지는 매우 힘들지만, 속도보다는 한 음 한 음을 선명하게 울려야 한다는 것을 명심해야 한다.

[218] *imponente*(숭고하게, 장엄하게)

[226] *tumultuoso*(소란스럽게)

[제8변주] 시마노프스키 스스로가 '지금까지 쓴

가장 깊이 있는 악구'라며 자찬한 곡이다. 깊숙이 가라앉은 듯하면서도 대단히 호흡이 긴 이 플레이즈의 표현은 상당히 번거롭다. 바그너의 〈트리스탄〉과 분위기가 비슷한 부분이 많다.

푸가로의 이행부([256] ~ [271]) Moderato는 주제보다 느린 듯한 템포로 연주해야 한다(♪ = ♪로). 이곳에서 속도 설정과 가속 방법을 잘못하면 놀라울 정도로 어려운 이곳을 제대로 헤쳐나갈 수 있을지 의문스럽다.

[260] ~ [261], [267] ~ [268] 등: 왼손에 화음으로 푸가 주제가 단편적으로 나타나는 곳에서는 특히 1번 손가락의 음을 두드러지게 연주한다. 오른손은 음을 포착하기에도 힘이 벅찬 곳이지만, 어쨌든 윗성부의 진행이 전체를 지배하지 않으면 안 된다.

[269] ~ [270] 양손의 내성이 교차되지만, 이때 좌우 양손 사이에 음의 배분을 바꾸어 연주하는 것은 권하고 싶지 않다. 오른손이 항상 옥타브의 폭을 유지하고 손의 자세를 무너뜨리지 않는 것이 더 유리하기 때문이다.

[푸 가] 후반에서는 대단한 힘이 요구된다. 스태미너 배분에 실패하면 마지막까지 연주하는 것조차 힘들기 때문에 음량, 템포 등을 잘 조절하여 첫부분부터 너무 오버페이스하지 않도록 주의한다.

항상 밸런스를 생각하여 어느 성부도 선명하게 들리도록 하고, 특히 베이스가 옥타브에서 중복된 곳이나 긴 페달을 필요로 하는 곳에서는 윗성부의 자그마한 움직임이 불명료하게 들리기 쉽다. ⌇은 언제나 주음에서 시작하는 프랄트릴러이다.

[289] 두번째 박자 eis의 트릴 앞에 붙은 2개의 작은 음표는 이 트릴의 맨 처음 2음을 오른손으로 연주하라는 지시에 불과하다. 이것을 박자 앞으로 내어서는 안 된다.

[293] 왼손 첫번째와 세번째 박자의 마지막 16분음표 Gis 및 c에서는, 옥타브 밑음을 부가하여 치는 것이 베이스 선의 움직임을 확실하게 해준다고 생각한다.

[305] ~ [310]의 전반까지: 반진행형이 등장한다. 확실하게 기분을 바꾸어서 아주 부드럽게 연주한다. 편집자는 이 사이에 약음 페달을 사용한다.

[317] 이후의 약 20마디 사이는 특히 베이스의 옥타브의 울림에 고음역의 미세한 움직임이 흡수될 위험성이 큰 곳이다.

[336] ~ [339] 오른손의 ♫♫ 아티큘레이션은 *più f* 이후에서 엄수하지 않아도 어쩔 수 없다. 한음 한음을 *marcato*로 치는 것이 효과적이다. 피아노의 이 음

역은 아무리 좋은 악기로도 울림이 충분하지 않으며, 조그만 단락에 너무 신경 쓰다 보면 음량과 박력면에서 빈약하게 되기 쉽다. 아무리 해도 베이스로 끝낼 수 있는 곳은 아니다.

[341] 오른손 네번째 박자의 트릴은 만약 음량적으로 충분한 효과를 낼 수 없다면 처럼 4화음으로 하여 32분음표로 8연타하면 좋다.

[344] 의 *mf*, [345] 의 *f*, [346] 후반의 *f* 및 [347] 의 *f* 를 엄수한다. *ff* 에서는 아니다. 이곳까지 연주하다 가 이 단계에서 음량적으로 크게 브레이크를 걸기 위해서는 상당한 자제력과 노련함이 필요하다.

[349] 이하 4마디 사이: 베이스의 16분음표를 정확하게 되새겨 결코 흔들리지 않도록 한다.

◉ 시마노프스키 초기 작품 전반에 걸친 주의 사항에 대해서는 제1권에 해설에 수록된 '연주 노트'를 참조하기 바란다.

■春秋社版/세계음악전집 목록

No.	도서명	작품명	No.	도서명	작품명
1	바로크 피아노곡집	륄리 / 쿠프랭 / 라모 / 다캥	40	리스트 1	소나타 / 폴로네즈II / 발라드II / 메피스토 왈츠I / 즉흥곡 왈츠 / 잊어버린 왈츠 제1번 / 위로 / 2개의 전설
2	스카를라티 1	소나타집 제1권(전50곡)	41	리스트 2	사랑의 꿈 / 시적이며 종교적인 선율 / 순례의 연보 제1년 / 순례의 연보 제2년 / 베네치아와 나폴리−순례의 연보 제2년 보유 / 순례의 연보 제3년
3	스카를라티 2	소나타집 제2권(전50곡)	42	리스트 3	초절 기교 연습곡 / 파가니니에 의한 대 연습곡 / 3개의 연주회용 연습곡 / 2개의 연주회용 연습곡
4	스카를라티 3	소나타집 제3권(전50곡)	43	리스트 4	헝가리 랩소디(15곡) / 스페인 랩소디
5	바흐 1	평균율 클라비어곡집 제1권	44	리스트 5	피아노 독주용 개편곡집
6	바흐 2	평균율 클라비어곡집 제2권	45	리스트 6	연주회용 패러프레이즈집
7	바흐 3	프랑스 조곡 / 영국 조곡	46	차이콥스키	소나타 / 사계 / 무언가 / 로망스 / 유모레스크 / 야상곡 외
8	바흐 4	2성부 인벤션 / 3성부 신포니아	47	드뷔시 1	2개의 아라베스크 / 베르가마스크 조곡 외
9	바흐 5	파르티타 / 프랑스 서곡 / 이탈리아 협주곡 / 반음계적 환상곡과 푸가 / 카프리치오	48	드뷔시 2	판화 / 환희의 섬 / 영상 제1, 2집 / 조곡 '어린이 차지' / 12개의 연습곡
10	바흐 6	토카타집	49	드뷔시 3	전주곡집 제1, 2권
11	헨델	조곡집 / 3개의 연습곡 / 샤콘느와 변주곡 / 환상곡 / 푸가	50	포레 1	야상곡집 (전11곡)
12	하이든	소나타집 / 주제와 변주 / 안단테와 변주 / 환상곡 / 카프리치오	51	포레 2	뱃노래집(13곡)
13	모차르트 1	소나타집 제1권(전10곡)	52	포레 3	주제와 변주 / 즉흥곡집(전6곡) / 전주곡집(전9곡) / 마주르카
14	모차르트 2	소나타집 제2권(전9곡)	53	포레 4	발라드 / 발스·카프리스 / 무언가 / 소품집
15	모차르트 3	변주곡집 / 소곡집	54	포레 5*	듀엣곡집 / 마스크와 베르가마스크 / 환상곡
16	베토벤 1	소나타집 제1권(전11곡)	55	스크랴빈 1	소나타집 제1권
17	베토벤 2	소나타집 제2권(전12곡)	56	스크랴빈 2	소나타집 제2권
18	베토벤 3	소나타집 제3권(전9곡)	57	스크랴빈 3	에튀드
19	베토벤 4	변주곡집(전10곡)	58	스크랴빈 4	전주곡집
20	베토벤 5	바가텔집 / 전주곡 / 론도 / 환상곡 / 폴로네즈 / 안단테 / 엘리제를 위하여 / 에코세즈	59	스크랴빈 5*	마주르카와 즉흥곡집
21	베버	소나타집 / '오라, 아름다운 도리나 벨라'에 의한 변주곡 / 모멘트 카프리치오소 / 화려한 론도 / 무도에의 권유 / 화려한 폴로네즈	60	스크랴빈 6	시곡집 / 알레그로 아파시오나토 / 연주회용 알레그로 / 환상곡 / 환상곡(2대의 피아노) 유작
22	슈베르트 1	소나타집 제1권(전6곡)	61	스크랴빈 7*	소품집
23	슈베르트 2	소나타집 제2권(전5곡)	62	시마노프스키 1	9개의 전주곡 / 변주곡 / 4개의 연습곡 / 소나타 제1번
24	슈베르트 3	환상곡 / 즉흥곡 / 악흥의 한때	63	시마노프스키 2	폴란드 민요에 의한 변주곡 / 환상곡 / 전주곡과 푸가 / 소나타 제2번
25	멘델스존 1	소나타 / 엄격 변주곡 / 안단테와 변주곡 / 기상곡 / 론도 카프리치오소 / 3개의 환상곡 또는 기상곡 / 전주곡과 푸가 / 어린이를 위한 소곡집 / 3개의 연습곡 / 안단테 칸타빌레와 프레스토 아지타토	64	시마노프스키 3	메토프 / 12개의 연습곡 / 가면극 / 소나타 제3번
26	멘델스존 2	무언가집	65	시마노프스키 4	마주르카집 / 발스 로맨틱 / 4개의 폴란드 무곡 / 2개의 마주르카
27	쇼팽 1	소나타집 / 발라드집 / 즉흥곡집	66	생상스	카프리스 외
28	쇼팽 2	환상곡 / 스케르초집 / 녹턴집	67	알베니스 1	이베리아 제1, 2권
29	쇼팽 3	왈츠집 / 마주르카집	68	알베니스 2	이베리아 제3, 4권 / 나바라
30	쇼팽 4	24개의 전주곡집 / 전주곡 / 12개의 연습곡집 / 3개의 연습곡	69	알베니스 3	아라곤 − 호타 아라고네자 / 세레나다 에스파뇨라 / 조곡 〈스페인 노래〉(전5곡) / 스페인 조곡(전8곡)
31	쇼팽 5	폴로네즈집(전11곡)	70	라벨 1	그로테스크한 세레나데 / 고풍스러운 미뉴에트 / 죽은 왕녀를 위한 파반느 / 물의 장난 / 소나티네 / 거울
32	쇼팽 6	론도 / 마주르카풍 론도 / 화려한 변주곡 / 변주곡 / 볼레로 / 타란텔라 / 연주회용 알레그로 / 자장가 / 뱃노래 / 장송 행진곡 / 3개의 에코세즈	71	라벨 2	밤의 가스파르 / 하이든의 이름에 의한 미뉴에트 / 우아하고 감상적인 왈츠 / 전주곡 / 쿠프랭의 무덤
33	슈만 1	소나타 / 대소나타 / 프레스토 / 스케르초	72	바르토크 1	2개의 엘레지 / 2개의 루마니아 무곡 / 4개의 만가 / 알레그로 바르바로 / 소나티네 / 루마니아 민속 무곡 / 루마니아의 크리스마스 노래 모음곡
34	슈만 2	나비 / 다윗 동맹 무곡집 / 사육제 / 어린이 정경 / 크라이슬레리아나 / 빈사육제의 어릿광대	73	바르토크 2	15개의 헝가리 농민가 / 3개의 연습곡 / 헝가리 농민가에 의한 즉흥곡 / 피아노 소나타 / 창 밖에서 / 민요 선율에 의한 3개의 론도
35	슈만 3	아베크 변주곡 / 토카타 / 알레그로 / 변주곡 형식에 의한 교향적 연습곡 / 아라베스크 / 꽃노래 / 노벨레테	74	바르토크 3	랩소디 / 치크 지방의 3개의 민요 / 14개의 바가텔 / 7개의 스케치 / 3개의 부르레스크 / 무용조곡 / 9개의 피아노 소품
36	슈만 4	환상 소곡집 / 환상곡 / 유모레스크 / 야상곡집 / 3개의 로망스 / 숲의 정경	75	바르토크 4	미크로코스모스 I / 미크로코스모스 II
37	슈만 5	어린이를 위한 앨범 / 다채로운 작품 / 음악 수첩	76	바르토크 5*	
38	브람스 1	소나타집 / 변주곡집	77	바르토크 6*	
39	브람스 2	스케르초 / 발라드 / 왈츠 / 피아노곡 / 랩소디 / 환상곡 / 간주곡	78	바르토크 7*	
			79	러시아 5인조*	보로딘 / 큐이 / 발라키레프 / 무소륵스키 / 림스키코르사코프

※ 세계음악전집은 계속 이어집니다.